历史不会终结

韩庆祥 黄相怀 等 著

中国人民大学出版社
·北京·

撰写人员：

韩庆祥　黄相怀　赵　培　王海滨　张慧君
郇　雷　张　严　陈积敏　徐浩然

序

从资本逻辑走向人的逻辑

从人学角度总体审视当代社会发展，首要应思考的是资本与人的关系问题。

马克思文本中的资本逻辑与人的逻辑

马克思毕其一生的理论探究，就是在"书房与现实"的结合互动中，揭示资本逻辑走向人的逻辑的历史必然性和价值合理性。这是他整个思想理论的主题和主线，他的唯物史观、政治经济学、科学社会主义都是围绕这一主题和主线而展开的。马克思思想演进的历程，也是围绕这一主题和主线而进行的。在《1844年经济学哲学手稿》中，马克思主要基于人本主义或价值尺度，展开了对异化劳动的批判。在他那里，异化劳动有四种基本形式：劳动产品的异化、劳动的异化、人的类本质异化、人和人的异化。其中蕴含的逻辑，就是马克思从对劳动的思考走向对资本的关注，从对物的思考走向对人的关注，其落脚点是人和人的异化；而资本背后的实质，是人和人的经济社会关系。1845年马克思在《关于费尔巴哈的提纲》中的第六条强调，人的本质在其现实性上，是一切社会关系的总和。这实际上意味着马克思的思想要实现一种转变，即从对人的类本质的价值关注走向对人的社会关系总和的历史分析，为从历史尺度出发研究社会历史发展问题和人的发展问题奠定了基础。

在《德意志意识形态》中，马克思、恩格斯从现实的个人出发，一步一步地研究现实的个人内生出的历史逻辑和理论逻辑，创立了唯物史观。这一唯物史观从历史尺度出发研究问题，确立起了研究社会历史发展问题和人的发展问题的历史尺度。在1848年的《共产党宣言》中，马克思、恩格斯运用历史尺度和价值尺度（人的尺度）的统一，来研究资本主义社会历史发展和人的发展。马克思、恩格斯运用历史尺度看到了资本的历史进步方面，指出资产阶级在它的不到一百年的阶级统治中所创造的生产力，比过去一切世代创造的全部生产力还要多，还要大。同时，马克思、恩格斯又运用价值尺度看待资本主义社会，指出了资本的历史局限，即它使人丧失了自主个性。由此，马克思、恩格斯要超越资本的逻辑和资本主义社会进而走向人的逻辑，力求构建一种自由人的联合体，在这一联合体当中，每个人的自由发展是一切人的自由发展的条件。

在《资本论》中，马克思坚持历史尺度和价值尺度的统一来系统揭示资本的逻辑走向人的逻辑。马克思首先运用历史尺度，力求揭示"物的依赖"、商品拜物教和资本主导逻辑出现的历史必然性。他认为资本的逻辑能推动社会生产力的发展。同时他又运用价值尺度，力求揭示资本"吃人"的本性。他认为资本的逻辑是把资本当作社会的主体和目的，而把人当作资本增殖的客体和手段，因而应超越"物的依赖"和资本主导的逻辑，走向注重人的全面发展和自由个性。实际上，整个马克思学说的总问题，就是分析揭示资本占有劳动并控制社会的逻辑，由资本逻辑走向人的逻辑，以真正解决人的生存境遇和发展命运的问题。

当代西方社会资本逻辑的困境

当今西方社会出现了种种困境，资本主导的逻辑是导致当今西方社会陷入困境的总根源。笔者曾经指出，资本主义基因和性质决定了西方社会在各个领域必然遵循资本主导的逻辑。自资本主义在西欧兴起以来，一部世界近代史，就是资本主导逻辑驱动下的资本主义全球扩张史。从历史来看，资本创造了近代工业文明和西方文明，推进了经济全球化和世界历史的发展。然而，就其实质来讲，资本的本性是通过运动实现价值增殖，是通过榨取剩余劳动而使自身增殖，是"以最小的投入获得最大的产出"（资本家通过延长工人劳动时间和压低工人工资来获取最大利润）；而资本运动是无休止的，哪里能够实现价值增殖，它就会出现在哪里，同时危机也会出现在哪里。马克思、恩格斯等思想家都深刻地揭示了资本天生具有的剥削、"吃人"、扩张、掠夺的本性，资本扩张到哪里，资本就会在哪里"吃人"，资本的战车也会开到哪里。

资本主导的逻辑以在全世界追逐和攫取剩余价值为目的，而当西方社会从其主导的世界体系中过度攫取并挥霍超额利润，使得全球市场出现"社会需要"严重不足时，当某个历史发展阶段的市场空间和技术创新的红利被攫取殆尽时，西方资本主义社会就必然出现困境。2008年国际金融危机爆发以后，以美国为代表的西方社会的困境就是在这种情况下出现的。西方社会陷入的困境，在经济领域表现为实体经济不振，在政治领域体现为政府调节无力，在社会领域聚焦为贫富差距拉大，在意识形态领域展现为虚伪性暴露。可以说，当代西方社会出现了三大赤字，即发展赤字、和平赤字、治理赤字。西方困境或三大赤字，说到底是由以资本为主导的逻辑所导致的制度基因和缺陷造成的，是基因型、制度性缺陷。资本主导的逻辑一定意义上能解决"物"的问题，却解决不了"人"的问题，而且会给人的发展带来灾难。这就为"人的逻辑"出场提供了宏大的世界性场景。

坚持以人民为中心的发展导向

1992年，我国确立社会主义市场经济体制，由此，我们在坚持"四项基本原则"的前提下，开始在经济领域利用和运作资本。从历史角度来看，在一定历史时期，我国在经济领域利用资本要素具有一定的必然性，因为它在一定意义上可以激活其他生产要素，拉动经济，解放和发展社会生产力。于是，便出现了对资本的运用和管理问题，即资本投资、资本运作、资本经营、资本监管等。应当说，在资本运作问题上，我国主要把它限定在经济领域，因此我国没有出现资本占有整个社会劳动并控制整个社会的所谓资本主导的逻辑。然而，投资规模驱动和资本运作在某些方面也出现了新的问题：一是在一定程度上出现了收入差距拉大的问题，二是出现了权钱交易或资本围猎权力进而污染政商关系的问题。

针对上述问题，习近平总书记特别强调，中国特色社会主义是社会主义而不是其他什么主义，科学社会主义基本原则不能丢，丢了就不是社会主义；同时要牢牢树立以人民为中心的发展思想，并将之作为马克思主义政治经济学的根本立场。这彰显了坚持以人民为中心的发展思想。

围绕这一逻辑走向，在实践上，我们必须坚持正确的政治方向：一是学会利用和限制资本，使其为建设中国特色社会主义服务。二是割断权力和资本勾结的纽带。在社会主义初级阶段，我们可以利用资本，但不能被资本所俘虏；可以运用资本，但要严格限制资本，不能让资本占主导；可以用投资规模驱动，但要坚决反对资本围猎权力。三是构建新型政商关系，即"亲""清"关系。四是使市场在资源配置中起决定性作用，更好发挥政府的作用。五是坚持以人民为中心的发展思想，坚持一切为了人民，一切依靠人民，把人民根本利益当作尺度，坚持人民至上。

韩庆祥

2018年10月1日

目 录

导言　资本主导下的西方困局　1

第一章　资本主导的逻辑　13

第二章　资本主导下的西方扩张　26

第三章　资本主导下的经济困境　44

第四章　资本主导下的政治困境　69

第五章　资本主导下的社会困境　88

第六章　资本主导下的文化困境　115

第七章　资本主导下的外交困境　125

第八章　从资本逻辑看中国自信　147

跋　167

导　言

资本主导下的西方困局

　　1989年夏，美国日裔学者福山在美国《国家利益》杂志上发表了《历史的终结？》一文。他认为，西方国家实行的自由民主制度也许是"人类意识形态发展的终点"和"人类最后一种统治形式"，并因此构成了"历史的终结"。后来，在综合各种反馈意见和学术观点后，福山撰写了《历史的终结及最后之人》一书。《华盛顿邮报》对这本书的评价是："它令人敬畏……这是一部具有划时代意义的著作……深刻、现实、重要……是对目前全世界的变化及其广度的非常深刻的研究。"

　　然而，历史就此终结了吗？显然没有。

　　2008年9月15日，对于当代世界历史而言，这是一个特别值得品味的日子。有着158年悠久历史、在美国抵押贷款债券业连续40年独占鳌头的第四大投资银行——雷曼兄弟正式宣布申请破产保护。雷曼兄弟破产，标志着一个新的历史阶段的开启。实际上，资本主义的金融体系以自己的实际行动表明了对理论家观点的不认同——只不过是从另一方面表明了这点而已。

　　2008年以来，以美国为首的西方国家在经济、政治、文化、社会领域频频发生问题，如民主乱象、人权乱景、经济困境、民生困难、安全困局等。探讨这些问题和现象背后的深层原因，对于更清晰地认识西方的制度缺陷与民主危机，更坚定地坚持中国特色社会主义"四个自信"具有重要的意义。

　　资本主导是西方困局的深层根源。资本主义的性质和基因决定了西方国家各个方面必然遵循资本主导的逻辑。在马克思看来，资本的本性是通过运动实现价值增殖，而资本的运动是无止境的，哪里能够实现价值增殖，它就会推进到哪里。资本运动的最终目的，是要在全世界范围内形成统一的市场体系，并以此为基础统领整个社会的生产生活方式。资本主导的逻辑以在全世界范围内追逐和攫取剩余价值为目的，而当某个阶段市场空间和技术创新的红利被攫取殆尽的时候，资本主义就会出现困境。当前以美国为首的西方国家的困境，就是在这种情况下出现的。

自资本主义在西欧兴起以来，一部世界近代史，就是一部资本主导的逻辑驱动下的资本主义的全球扩张史。在遇到阻碍的地方，资本主义国家不惜动用武力来为资本扩张开辟道路。冷战期间的两大阵营对峙，暂时阻止了资本主义的肆意扩张，也使得资本主义发生了新的"进化"，形成了新的"变体"，即整个西方国家的政治、经济、军事和社会制度安排等在美国的主导下实现了高度的"一体化"。从此，资本主义不再是以某一种单一面目出现的"单体"，而是以高度一体化、综合性面目出现的"复合体"。

冷战结束后，资本主导的逻辑借助"一体化"的西方这个前所未有的霸权力量迅速在全球扩张，从而形成了西方主导的世界体系。在这一体系下，在资本主义社会，资本主导的逻辑决定了西方国家必然对外采取扩张、控制战略，以牢牢占据世界体系的霸主位置；为了稳固国内基础，又必然对内采取安抚、绥靖、缓和策略，把居于霸主位置所获"超额利润"的一部分分配到本国内部。这种体系格局，随着信息技术的快速发展达到了顶峰。但是，西方从其主导的世界体系中过度攫取并挥霍"超额利润"，使得全球市场出现了"社会需要"严重不足，或者说，"社会需要"增长的步伐远远赶不上资本扩张的步伐，全球市场被扩张完毕之后，就出现了2008年爆发的国际金融危机。国际金融危机的实质，就是以增殖为本性的西方资本耗竭其资本增殖的全球市场空间和技术创新空间。

国际金融危机发生以来的西方国家，全面暴露了资本主导之下的种种困境，西方国家为了采取安抚、绥靖、缓和策略所实施的各种制度安排，反过来又使西方难以摆脱这种困境，从而使西方陷入了制度性困局。当今西方世界的种种乱象，都可以从以资本为主导的这种制度性困局中找到答案。

一、"自由市场神化"的破灭

1989年，陷于债务危机的拉美国家急需进行国内经济改革。美国国际经济研究所邀请国际货币基金组织、世界银行、美洲开发银行和美国财政部的研究人员，以及拉美国家代表在华盛顿召开了一个研讨会，旨在为拉美国家经济改革提供方案和对策，由此形成了"华盛顿共识"。"华盛顿共识"的核心，实际上是向众多国家开出新自由主义药方。然而，这一药方从一开始就受到了尖锐的质疑。俄罗斯的"休克疗法"曾被认为是"华盛顿共识"的"经典之作"，但实践证明，这也是"华盛顿共识"最大的败笔。由"华盛顿共识"，人们可以引出对资本主义经济体系的重新认识。

不可否认的是，以市场经济体制为核心建构起来的资本主义生产关系体制，对于人类社会生产力的提高确实起到了革命性的作用。但是，就其提升社会生产力的方式而言，却存在着其自身难以克服的弊病。西方所标榜的"自由市场体系"，实际上是一种有利于资本最大限度地追逐利润的经济体系，这是资本主导逻辑的必然选择。在这一经济体系之下，各种生产要素能够相对自由地进行组合，从而创造出最有效率的生产关系和最高的生产力。西方所谓的"自由市场体系"，实际上是以资本为主导的、以利润为牵引的由技术创新、市场拓展和劳动力升级等构成的一个经济运行体系。冷战时期，得益于二战红利、技术垄断、较高的劳动者素质、军事实力、西方国家内部较为广阔的市场空间，以及对第三世界国家的能源和原材料的掠取等因素，这一经济运行体系得以以较高的水平和效率运行，为西方国家所认为的"不战而胜"奠定了基础。

冷战结束之后所形成的西方空前的霸权地位，使得资本主导的逻辑在全球扩张获得了最便利的条件，已经进化为"复合体"的西方国家得以在全世界不遗余力、相对有力地推广西方的"自由市场体系"。这一"自由市场体系"在全球扩张的过程，也就是西方国家在全球范围内配置各种生产要素的过程。这一过程，从表象上表现为全球经济的发展和繁荣，而实质上则是西方国家前所未有地获得了经济全球化的"超额利润"，西方国家因此迎来了二战后的第二个黄金时代。当今关于西方的种种意识形态上的"神话",特别是"自由市场"的"神话",从思想根源上都来自于此。所谓的"华盛顿共识",无非就是这样一种说辞。

但是,资本主导驱动下的"自由市场体系"在全球的扩张,也埋下了当今西方经济困境之祸根。本来,冷战时期的西方经济运行体系,是以资本为主导配置和调剂包括技术、市场和劳动力等生产要素在内的"实业型"经济体系,也就是说,是一个实体经济占主导的经济运行体系。而一旦把"自由市场体系"的这套做法放大到全世界范围,精明的西方国家发现,与资本运作相比,搞实业太苦太累了,赚钱太慢了,"让那些新兴市场国家和第三世界国家去赚些又苦又累的'慢钱'吧,我们只要在资本市场上赚'快钱'赚得盆满钵满就好了!"于是,底特律衰败了,华尔街则持续繁荣!

"虚拟经济"确实比"实体经济"来钱快且多,但精明的西方国家没有算计到的是,这种"眼里只有钱"的做法,存在着内在的深刻的难以克服的弊病。要想维持"虚拟经济"的发展繁荣,西方国家一方面要为资本找到攫取剩余价值的市场空间,另一方面也必须实现资本连同剩余价值的"回笼",而要想让资本连同剩余价值"回笼"到西方国家,必须创造出吸附和沉淀资金的机制和空间。于是,以不断"发明"金融衍生品为核心的金融市场就被制造出来了。但是,金融衍生品寄居于西方国家,必须有靠得住的"宿主",这个"宿主"就是庞大的西方中间阶层群体,这个群体有融资冲动且有偿还能力——或者说,有在西方金融家所玩资本游戏中扮演"群众演员"的意愿和能力。

但是,"虚拟经济"从两个方向摧毁了它所赖以生存的中产阶层群体基础:一方面,支撑"虚拟经济"的资本市场是一个"有钱人的盛宴",它越繁荣,就会导致越大的社会贫富差距。在这场资本游戏中,只有极少数中间阶层能够升到上层,而越来越多的中间阶层坠入了社会的下层乃至底层。另一方面,"虚拟经济"的兴盛,在相当程度上掏空了实体产业基础,而实体产业恰恰是孕育和支撑中间阶层的最重要的经济基础。所以,资本家一旦真的变成了"资本"家,资本的美梦也就到此结束了。须知,离开了底特律的发展,华尔街的持续繁荣是难以长久的。2008年爆发的国际金融危机,就是西方中间阶层再也无力在资本市场"陪玩"下去的结果。

2011年，以"占领华尔街""占领华盛顿""占领百老汇"为代表的美国民众的抗议活动，表达了对资本主义生产体系所造成的政治经济局面的强烈不满，也促使更多的学者对其进行深度反思。

二、"西式民主"的衰退

2017年3月，美国特朗普政府宣布暂停对加州铁道6.47亿美元的拨款，加州铁道进行到中途的电气化改造项目将无钱为继。这意味着，美国首条高铁——加州高铁在国人望眼欲穿地等待了多年后，又一次被搁置。美国的高铁梦暂时圆不了了。搁置原因跟美国的党派竞争脱不了关系，加州的民主党人建设加州高铁的热情高涨，但是加州的共和党人则坚决反对高铁建设，认为那是浪费。高铁被搁置的深层原因，就是美国出现了"否决政治"——这是那位提出"历史终结论"的学者福山新著《政治秩序与政治衰败》的新发现。

资本主义所要求和催生的与之相适应的政治上的种种安排，对于推动人类社会摆脱各种封建的、宗法的旧制度束缚，无疑起到了积极作用。但是，资本主导的逻辑使得旧问题被解决的同时，也制造了新的、更深刻的问题。

马克思主义向来认为，政治是经济的集中体现，经济基础决定上层建筑，上层建筑反作用于经济基础，而政治上层建筑在上层建筑中又起着决定性作用。用这一马克思主义的视角分析西方资本主义社会，不难理解，资本主导的逻辑体现在政治领域，就是资本主导的政治。哪一种势力能够在攫取剩余价值中占据主导地位，哪一种势力就能够主导和左右西方政治，就能够获得统治地位，从而主导西方国家的对内对外政策。

标榜民主政治的西方政治制度，是为了平衡和协调统治集团内部利益关系而确立的，是确保经济领域的主导势力在政治领域占据主导地位，在各种经济势力之间进行平衡和调节的一种制度机制。所以列宁说，"民主共和制是资本主义所能采取的最好的政治外壳"[①]。因此，从西方资产阶级

---

① 列宁. 列宁全集：第31卷. 北京：人民出版社，1985：12.

登上政治舞台到二战之前，西方政治无论从实质还是表象上看，都是一种精英政治，精英阶层牢牢占据着各种上层位置，对内对外政策以满足和体现精英阶层的利益为优先选项。

冷战期间，由于社会主义阵营带来了政治上的压力，为了增强资本主义社会的吸引力，为了在一定程度上满足崛起了的社会中下层的政治诉求，也为了平息某些社会矛盾，西方国家不得不采取向社会中下层让渡和兑现某些政治权利从而换取政治"合法性"的若干措施，从而使得西方政治具有某种大众政治的特征。但是这种让渡和兑现，并没有改变精英政治的实质，而是使西方国家的民主政治具有了"精英政治的内核、大众政治的外表"，但也大体上维持了精英与大众在政治事务上的均衡。

冷战结束之后的一段时间内，得益于西方政治霸权在全球范围前所未有的扩张，以及西方主导的全球市场体系的形成，西方国家的中下层在从上层那里分享到部分"全球剩余价值"的同时，也享受到了霸权庇护下的所谓的政治文明，精英与大众在政治事务上的平衡感得到了前所未有的保持。因而，西方国家曾对自己的政治制度有了一种前所未有的"自信心"，这种"自信心"最典型的代表，就是美国学者福山所鼓吹的"历史终结论"。

问题是，如果说以中间阶层面目出现的西方民众，是资本市场的群众演员的话，那么，以有投票权的选民面目出现的西方民众，则是政治市场的群众演员。但与资本市场不同的是，在政治市场，群众演员经常被灌输自己是主要演员而且他们也自认为是这样。其实，群众演员终归是群众演员。当2008年国际金融危机所导致的"自由市场体系"的红利削减，西方国家滥用霸权导致的政治动荡与不安（如所谓的"文明冲突"、难民问题、移民问题、恐怖主义等）向西方国家进行传导的时候，精英政治与大众政治之间的平衡就遭到了空前的危机，精英政治与大众政治之间开始有了严重的冲突。美国《国家利益》杂志刊登的乔治敦大学贾森·布伦南的《反对民主》的文章竟然声称："我认为，政治参与对多少人来说无益：它对我们大多数人都没有什么好处，而且往往把我们变得又坏又傻。"是的，对精英来说，确实到了让群众演员清醒地认识到他们终归是群众演员的时候了！

面对问题和困难，西方国家势必要进行政策决策的重大调整。但是，资本主导的所谓的民主政治，使得这种调整十分艰难：一方面，资本主导之下的精英政治的实质，决定了这种调整必然要以削减甚至牺牲普通民众的部分政治权利和权益为代价；另一方面，误以为自己是主要演员的、被西方民主政治惯坏了的大众，无法接受这种调整，从而严重影响了西方国家的自我调节能力，这反过来又加剧了西方的困境。

三、"福利国家"的挑战

2016年4月，一场名为"黑夜站立"的社会运动在法国巴黎共和国广场不断发酵，参与者最初以学生和年轻人为主，后逐渐扩大到各阶层人士，地点也从巴黎扩展到法国数十个城市，折射出当前法国面临的重大社会危机。这个危机，实际上是发生在西方社会的资本主导逻辑驱动下的社会困境的外在显现。

完善的社会保障体系、公共服务体系和人权维护体系，通常被认为是西方国家优越性最有力的证明。然而，在这个所谓的优越性背后，隐藏着资本主义不可告人的目的。通过对马克思主义的分析我们发现，资本要想实现增殖，最根本的还是要依靠人的劳动。因而，在资本主导的逻辑之下，西方社会中的人以"劳动者"和"消费者"两种角色出现，这两种"跑龙套"的角色交替"抬轿子"，共同成就了资本这个主角。为了使"劳动者"能够持续稳定地提供优质劳动力，为了使"消费者"持续稳定地保持较强的购买力，西方国家统治阶层就必须在社会保障体系、公共服务体系和人权维护体系方面下一些本钱，这就是西方社会福利制度的由来。

冷战期间，为了与社会主义国家比拼竞争力，西方国家又大大强化了各方面的社会福利制度，其中不乏从社会主义国家学来的一些制度。这些社会福利制度使得西方国家在其内部造就了大批的具有较高素质的"劳动者"，从而维持了其较高的劳动生产率；同时，也使得西方国家在其内部造就了大批的具有较强购买力的"消费者"，从而维持了较为庞大的国内市场。这就是资本主导的西方资本主义社会为什么要采取较为完善的社会福利制度的根本原因。

冷战结束之后，为了维持西方国家在全球体系中的霸权地位，借助于全球化带来的"超额剩余价值"，西方国家一度又进一步强化和完善了其社会福利制度，因为这种社会福利制度有利于西方国家在全球范围内吸纳和聚集优秀的人才，特别是金融和科技人才。

但是，"自由市场体系"在全球范围的扩张，也给社会福利制度模式带来了多方面的挑战。首先，处于经济全球化时代的西方国家，由于不再过于依赖本国的"劳动者"和"消费者"，在资本主导逻辑的驱使下，也就渐渐削减了对社会福利制度的持续投入，使社会中下层所赖以生存发展的社会条件持续恶化。其次，西方中间阶层群体的持续衰落，使得西方的社会福利制度越来越沦落为"兜底线"的社会政策工具，从而使西方国家背负上了沉重的财政负担。最后，由社会条件恶化和"中产梦"破灭所带来的西方吸纳和聚集全球优秀人才能力的下降，反过来又降低了社会整体的创新能力。

任何社会都具有动力、平衡和调整三种根本机制。"三种机制"是人类社会赖以发展的三种最根本、最普遍的机制。动力机制，释放着社会发展的能量；平衡机制，保持着社会发展各部分之间的协调；调整机制，使动力机制和平衡机制达到优化、协调和配合。如果说在西方国家，经济发展发挥着动力机制的作用、民主政治发挥着调整机制的作用的话，那么，以社会福利制度为核心的各项社会制度，则发挥着重要的平衡作用。现在的问题是，且不说经济发展的停滞、民主政治的失灵，单从社会制度来说，西方各项社会制度所发挥的平衡作用也处于危险的边缘。当社会福利制度从一种鼓励社会成员干事创业的制度变成一种"兜底线"的制度的时候，当社会成员的创新创造活力由于贫富差距的持续拉大而受到严重抑制的时候，当人权制度从一种维护人的尊严的制度变成一种区分人、隔离人的制度的时候，西方社会也就陷入了失衡的危险境地。

四、西方话语权的式微

2017年1月21日，美国总统特朗普发表了就职演说，主旨是"让美国再次强大"，然而，其所声称的"让美国再次强大"的方法却让人瞠目结舌。特朗普赤裸裸地宣称:"每一个贸易、税收、移民、外交的决定,都会为了美国工人和美国家庭的利益而做出。我们要保护我们的国界不受其他国家的破坏,它们生产了本属于我们的商品,偷走了本来要投资在我们国土上的公司,毁掉了我们的工作机会。"一个向来以自由、民主、包容为旗帜从而长期把持全球治理道义制高点的国家,竟然做出了如此自私自利的政策宣示。这令那些长期鼓吹"普世价值"的政客和学者情何以堪?

与此形成鲜明对比的是,2017年1月18日,中国国家主席习近平在日内瓦联合国总部发表演讲,倡导共同构建人类命运共同体,"各国要同舟共济,而不是以邻为壑。各国特别是主要经济体要加强宏观政策协调,兼顾当前和长远,着力解决深层次问题。要抓住新一轮科技革命和产业变革的历史性机遇,转变经济发展方式,坚持创新驱动,进一步发展社会生产力、释放社会创造力。要维护世界贸易组织规则,支持开放、透明、包容、非歧视性的多边贸易体制,构建开放型世界经济。如果搞贸易保护主义、画地为牢,损人不利己"。这令那些长期以"普世价值"诬蔑中国的政客和学者情何以堪?

实际上,在西方资本主义社会,在资本主导逻辑的渗透下,一切都资本化了,连意识形态也不例外。标榜"思想自由""言论自由""新闻自由"的西方国家,以资本为秘密武器,通过对大学和研究机构、新闻媒体等的市场化控制,牢牢控制着意识形态的生产与再生产,使任何敌对的、反抗的、反思性的思想言论都得不到大范围传播,翻不起任何涟漪,都只是其主流意识形态"锻炼身体"的手段。西方极端敌视和压制的马克思主义理论,连同马克思主义理论在落后国家的实践,都在一定程度上强健了资本主义的社会肌体,这难道不是对西方国家最大的讽刺吗?

马克思主义早就从资本主义社会内部深刻认识到,一个由资本所主导的社会,人早已被资本所异化,沦落为资本增殖的手段和工具。这样的所谓的"人",其思想和精神世界已经丧失了人之为人的完整性,自由被简化为出卖劳动力的自由,平等被简化为在市场面前的平等,人权被简化为人实现劳动力生产和再生产的"权利"。这样的价值观体系,实质上不过是满足和服务于资本增殖需要的价值观体系。

由于人沦为了资本增殖的手段和工具，人的文化生活也被深刻地资本化了。由于资本消除了人与人之间除了经济关系之外的其他任何社会文化意义上的关联性，因此人就被异化了。看起来是维护和彰显人的个性与尊严的个体主义，实际上是在资本主导的社会背景下的人的无奈的、迫不得已的选择。由于资本消解了衡量人的意义与价值的许多重要的社会文化维度，因此人不得不以占有物质财富的多少衡量自身的价值，于是就出现了消费主义。由于对利润的追求成为社会全体成员唯一的驱动力量，因此人与人之间不得不以功利主义的态度彼此看待。

因此，从本质上说，西方国家无论从历史、现实还是理论上对其他国家都不具有道义上的优势。然而，在冷战时期，借助于"丰裕社会"的优势，西方国家以"自由世界"自居，对社会主义国家和第三世界国家不遗余力地进行"污名化"，从而使其意识形态成为"不战而胜"的秘密武器之一。冷战结束后，西方国家在全世界范围不遗余力地推广"自由、民主、平等、人权"等所谓的"普世价值"，实质上是为在全球推行其自由市场体系张目，是为构建西方主导的世界体系提供一整套合法化论证。这套话语体系的内在问题，由于西方国家居于世界体系的优越位置而被有意无意地忽视了。看起来它们是为了全人类的自由而在全世界扩张市场，实际上是为了在全世界扩张市场而推销自由。

但是，2008年国际金融危机发生之后，这种"话语营销"生意越来越不好做了：一方面越来越多的国家认识到，政治制度和价值观没有最好的、只有最适合的，他之美酒可能是我之毒药；另一方面，更多的国家认识到，他之美酒里面很可能已经下了致命毒药。西方近代文明的核心价值，如自由市场、政治民主、文化多元主义等都面临巨大挑战。意识形态推销在国际上的受挫，传导到国内，必然导致西方国家在意识形态上的危机。

这种危机目前已经显现出来了：首先，全球化的深度发展深刻暴露了西方国家的虚伪性。在全球化时代，西方国家对于其所主导的世界体系必须在全球范围内进行合法化论证，然而，这样一个服务于西方少数人利益的世界体系从本质上说是不可被论证的。其次，资本增殖驱动下的西方国家的霸权主义的种种做法，使得世界上大多数国家和人民近距离看清楚了西方资本主义的实质。打着"人道主义"的幌子制造"人道主义危机"，以维护自由民主的名义切割掉了自由民主的社会基础。这样的做法，连西方自身都难以自圆其说。最后，在整个经济、政治和社会制度普遍面临困境的情况下，西方国家仍然在全球范围霸道地、挥霍性地运用军事、经济和其他力量，而置本国的国计民生于不顾，这样的政策决策，其合法性何在？

此外，西方的困境同样也体现在其外交和国际关系层面。需要认清的是，"军事工业复合体"绑架下的美国，必然要寻求战争和军事扩张，否则资本权力就维持不下去。因此，冷战结束之后，人们原以为世界会更加太平，而实际上世界更加不太平了。以美国为首的西方国家为了清除其构建有利于西方的世界体系之路上的绊脚石，连续发动了伊拉克战争、阿富汗战争等。当前更加需要警惕的是，为了从国际金融危机之中恢复过来，为了稳住其在世界体系中的霸主位置，以美国为首的西方国家很有可能发动一些新的战争，这是资本主导的逻辑驱动的必然结果。

总之，马克思主义早就揭示了一个道理，资本增殖的冲动将会冲垮一切阻碍它的力量，而一切力量被冲垮之时，也就是它的困境到来之日。当今的西方，在资本主导逻辑的驱使下，既取得了前所未有的胜利，也以2008年国际金融危机为分水岭，开始陷入全面的困境之中。资本主导下的西方资本主义按照自己的面目塑造了全球体系，但是现在"像一个魔法师一样不能再支配自己用法术呼唤出来的魔鬼"了，西方模式正面临二战以来最严重、最全面的挑战：经济困境使得它们必须在开放与收缩性经济政策之间进行平衡，政治困境使得它们必须在精英政治与民粹主义之间进行平衡，社会困境使得它们必须在自由主义与保守主义之间进行平衡，意识形态困境则使得它们必须在道义和利益之间进行平衡。它们何时、以何种方式走出困境，目前尚不明朗，但这已经足以对当今中国提醒甚多。中国比较早地从冷战中抽身，又毅然决然启动了改革开放，以融入推动参与西方主导的世界体系的方式，获得了如今的发展成就。时至今日，在陷入困境的西方国家有可能以新的保守的姿态面对中国的时候，中国就需要有新的战略性应对措施。就国内来说，我们应利用资本但不被资本所俘获，应运用资本的力量但不让资本占主导，坚定不移地坚持"四个自信"，从而为人类对更好社会制度的探索提供中国方案，这既是必需的，也是可以期待的。

第一章

资本主导的逻辑

一、什么是资本

研究资本的逻辑,首先要回答什么是资本。马克思的著作《资本论》及其相关手稿所揭示的就是资本的逻辑与奥秘。然而,能否正确揭示资本,首先取决于研究的视角和方法。换句话说,取决于用什么样的世界观和方法论研究资本。对此,马克思在《〈政治经济学批判〉序言》中有过明确的交代,即唯物主义历史观是"我所得到的,并且一经得到就用于指导我的研究工作的总的结果"[①]。唯物主义历史观作为与以往一切哲学都不同的新的世界观,关键在于将实践的观点引入唯物主义哲学中,从人的生产实践活动出发,分析和研究资本的本质及其逻辑。

(一) 资本是充满矛盾的混合体

资本在它产生的那一刻就成为充满矛盾的混合体。它作为当时进步的力量,将一切封建的、宗法的和田园诗般的关系统统瓦解,将处于分散状态的生产资料和人口积聚起来,创造出以往一切时代难以比拟的生产力,但它却无法长久地驾驭自己创造出来的生产力,反而成为生产力进一步发展的桎梏;资本在自我增殖的过程中创造出资本家的巨大财富,但在社会的另一端却滋长着劳动者的普遍贫困;资本在扩张发展的进程中建立的世界市场,使民族国家之间的隔绝与差异日益消亡,但在充满竞争的世界市

---

① 马克思,恩格斯. 马克思恩格斯选集:第 2 卷. 北京:人民出版社,2012:2.

场中，民族国家之间的对抗乃至战火硝烟却从未熄灭；资本创造的文明第一次开启了人类通达解放的大门，但正当人们准备走向自由彼岸的那一刻，它却将大门紧紧地关闭；资本的目的是实现自身的增殖，资本家为这一目的代言，但它又无可避免地创造了庞大的无产阶级作为自己的掘墓人；资本始终是以自身为对象，但它自身又是自己的限制。充满矛盾的资本总是将自己创造的一切同自身对立起来，它"像一个魔法师一样不能再支配自己用法术呼唤出来的魔鬼"[1]。马克思主义经典作家曾经预言资本行将消亡，然而，资本的消亡并没有像伟大思想家所预言的那样迅速地到来。在新全球化时代，资本的运动仍然生龙活虎，它的自我调节能力使人们相信，在当代和可以预见的未来，它仍具有极大的发展空间。同时，资本带来的恶果越来越深刻地影响着人们的生活与交往，甚至对人类的未来和生存提出严峻挑战。因而，即便是西方的学者也愈发清醒地意识到批判与限制资本已经到了刻不容缓的境地。

（二）资本是形式与内容、过程与实体的统一

马克思对资本范畴的分析完成于《1857—1858年经济学手稿》。在这部为《政治经济学批判》而做的研究性手稿中，马克思详尽地论述了作为范畴的资本。大体来说，马克思认为，资本是形式与内容、过程与实体的统一。

马克思对资本范畴的考察从批判古典政治经济学开始，后者主要是从内容和实体的层面来考察资本。古典政治经济学家认为，货币是资本的最终形式，而货币作为交换价值又是以往生产积累下来的财富，并作为生产要素投入新的生产中。这样，资本就成为只有物质属性的纯实体，它是积累起来的劳动（或对象化劳动），是生产要素，是创造价值的价值。这种认识的主要缺陷在于，"**资本被理解为物，而没有被理解为关系**"[2]。在抽掉了资本的形式和过程之后，资本就成为"存在于一切社会形式中，成了

---

[1] 马克思，恩格斯. 马克思恩格斯选集：第1卷. 北京：人民出版社，2012：406.
[2] 马克思，恩格斯. 马克思恩格斯全集：第30卷. 北京：人民出版社，1995：214.

某种完全非历史的东西"①，资本自身也就顺理成章地成为一切人类生产实践活动的普遍前提，正是通过这种方式，资本及资本主义生产方式在古典政治经济学那里获得了自身的永恒地位。

马克思不同于古典政治经济学家，他认为，应该从"流通中运动发展起来的交换价值"来理解资本范畴。换句话说，货币不是资本的完成形式，而是资本的最初表现形式，是在交换中发展起来的。货币如果离开了流通，它就是价值尺度和以往的价值积累，相反，只有在流通中货币才是交换价值，进而才能成为资本的最初形式。因此，流通是资本的前提，资本只能在流通中保存自己。在流通中，它既没有丧失实体（商品），也没有丧失形式（交换价值）。在流通中，资本交替地成为商品和货币，正是通过这样的过程，资本才能获得实体的规定性而又不失去自己作为交换价值的规定性。所以，资本以流通为前提，又在流通中确证了自己，它是商品和货币这两种规定性的统一，是处在流通中的商品和货币的总体。流通本身又包含着生产过程和流通过程这两个要素，前者是价值增殖的过程，后者是价值实现的过程。因此，马克思对资本的考察，就从资本主义生产方式的最基本单元，即商品和货币，上升到整个资本主义的生产关系层面。也正是在这个意义上，资本和资本主义的生产关系才有等同的意义。

（三）资本是一种生产关系

在资本主义生产方式下，资本是具有核心地位的生产要素。古典政治经济学家习惯于从经验和实证的思路来分析资本。这样，在他们的理论视阈下，资本的本质也只能被归结为物的属性，而看不到资本背后隐藏的是人与人的社会关系。有的政治经济学家，如亚当·斯密和大卫·李嘉图等，虽然能够把财富或资本看成是人的劳动，可以把对资本的纯客体性理解上升为主体性理解。但是，他们没有看到资本的历史性。换句话说，只有在资本主义的生产方式下，财富才以资本的特殊形式获得核心地位。古典政治经济学家认识到劳动是一切财富的源泉，但这一论断的前提是，劳动在资本主义社会才显现出来的一般性。也就是说，劳动作为具体劳动是

---

① 马克思，恩格斯. 马克思恩格斯全集：第46卷（上）. 北京：人民出版社，1979：211.

彼此不同的，但是作为一种"自然力"又是一般的、无差别的人的劳动。他们没有看到的是，劳动的这种一般性只有在人类社会的高级形态中，即资本主义生产关系中才能被发现。正是由于这种认识上的缺陷，他们对资本的理解带有强烈的人本主义色彩。从抽象的、无差别的人类劳动来认识财富和资本的本质，就无法看到劳动和资本本身的历史性，因而看不到劳动和资本的特殊性，进而也不可能看到生产实践的发展历史，看不到生产力、生产关系的辩证运动，看不到生产方式与生产关系的历史变革。于是，在他们的视野中，资本和资本主义的"原则"一经发现，便"顺理成章"地成为人类一切社会时代所具有的，至少是应该具有的共性。正是基于这种逻辑，资本以及由它所决定的生产方式和生产关系就成为永恒的东西。

资本就其反映的基本特征而言，只能在其产生的生产关系中去理解，因而在这个意义上，资本不应仅被理解为物，还应被理解为一种生产关系。

（四）资本是能够增殖的价值

要揭开资本增殖的秘密必须通过价值形态理论。商品的价值由劳动决定，这一思想早在古典政治经济学家威廉·配第的著作中就得到了说明。到了亚当·斯密，开始用"劳动时间"作为对商品价值的规定，这种衡量方式可能与劳动自身的发展密切相关。随着机器化的生产越来越普遍，资本主义生产关系下生产劳动的同质化趋势愈发明显。伴随生产劳动同质化的是商品交换的普遍化，所有劳动产品必须通过货币来交换，进而被理解为抽象的价值。因此，问题的关键就在于探讨使劳动同质化的根源。在资本主义生产关系下，个体劳动具有社会性，这种社会性在流通中即在商品交换中得到确证，于是个体劳动的社会属性表现为不同商品所固有的物的属性。在流通中，货币扮演的角色是商品价值的物质承担者，在交换中与商品的使用价值相交换，因而进一步将劳动的社会性表现为货币的属性。最后，货币进入到生产领域，并通过流通实现自己并带来增殖，使自己成为能够增殖的价值——资本。所以，资本增殖的秘密是从商品的流通开始的。

马克思认为，商品流通是资本的起点，而货币"是这一过程的最后产物"，"是资本的最初的表现形式"①。这就表明，商品生产和流通是资本产生的历史前提。从资本产生的历史来看，生产方式、劳动对象以及劳动产品在资本主义生产关系下发生深刻变化，以货币形态出现的资本作为土地所有权的对立物成为生产要素。随着商品经济的进一步发展，各种生产要素完全地由货币表现出来。不论是产业资本，还是商业资本和金融资本，它们最初总是以货币的形式来到市场。但是，此时的货币并不是资本，只有经过一定的过程，货币才可转化为资本。

马克思指出，货币与资本的不同"首先只是在于它们具有不同的流通形式"②。商品流通存在着两种不同的形式：一种是商品流通的直接形式，即为买而卖的流通形式。在这种形式中，商品转化为货币，货币再转化成商品，即 W-G-W；另一种是为卖而买的流通形式，货币转化为商品，商品再转化为货币，即 G-W-G。在前一种流通方式中，货币就是货币；而在后一种流通方式中，货币才转化为资本。这两种不同的流通方式最根本的区别在于：前一种流通方式中的两极是价值相等，而使用价值不同的商品，反映的是具体劳动之间的交换；在后一种流通过程中，两极都是货币，同样的东西换回来同样的东西，是表面上没有具体内容的同义反复。然而，这种看似"既无目的又很荒唐的活动"却有真实的内容。这一内容不在于流通过程的两极有质的区别，而在于它们有量的不同。在流通的最后环节所取回的货币多于起初投入的货币，这样流通环节中的 G-W-G 过程实际上是 G-W-G′。这样，原先投入的货币在流通后过后会带来货币的增量，这个额外增加的价值就是剩余价值。正是这样一种流通过程，原始的价值改变了自己的价值量，使货币成为能够生钱的钱。正是这种运动，使货币成为资本。如果将这一公式的中间环节抽象掉，那么流通领域中出现的资本总公式就变成 G-G′，这是金融资本在流通过程中的基本公式。实际上，资本的流通过程就是资本实现价值增殖的过程。

马克思从商品流通的两种不同方式向我们揭示了资本得以产生的条

---

① 马克思，恩格斯. 马克思恩格斯全集：第 44 卷. 北京：人民出版社，2001：171.
② 同①172.

件，但是，是否有了商品流通和货币流通就一定会产生资本呢？他指出，资本存在的历史条件并不是有了商品流通和货币流通就已经具备。资本只能在那种地方发生，在那里，生产资料和生活资料的所有者在市场上遇见了自由的劳动者，那种出卖他本人劳动力的人[①]。换句话说，劳动力成为商品，是货币转换为资本的前提。这一前提，又是以资本主义生产资料私有制为前提的。资本主义生产方式的确立过程，本身就是劳动者逐渐失去生产资料的过程。与生产资料彻底隔绝的劳动者，为了维持自己和家人的生存，就必须为资本家劳动，资本家支付给劳动者工资。在这里，看似等价而平等的交换背后隐藏着资本增殖的秘密。因为资本与劳动者的交换中，以工资形式出现的货币所支付的，并不是劳动的量，而是购买了劳动者的劳动能力。换句话说，在资本主义生产方式中，货币与劳动力相交换，劳动力成为特殊的商品。当资本家以支付工资的方式得到劳动力商品之后，便占有了这种商品的使用价值，即创造财富的能力。资本雇用劳动，实际上是资本占有劳动力商品的使用价值。这种占有，是资本增殖的前提。

实际上，马克思在阐明商品、货币和资本本质的过程中，揭示了资本主义生产关系的一个重要特征，即资本主义社会是一个颠倒的社会。首先，资本、土地和劳动作为要素进入生产环节，表面上它们取得相应的利润、地租和工资作为回报。但是，人与人之间的关系必须通过物与物的关系反映，同时将资本占有劳动所导致的资产阶级和无产阶级的对立掩盖起来。人与人之间的关系或者人本身的社会属性，必须通过物与物的关系，通过资本与劳动的关系才能表现出来。只要这些物本身所固有的自然属性不变，那么它们所代表的社会关系也顺理成章地得以固化。资产阶级的经济学总是把资本主义生产方式看成永恒的也就不足为奇了。其次，商品、货币和资本凝结的是人类无差别的一般劳动，是抽象劳动的产物。然而在资本主义社会这种颠倒的社会关系下，人类劳动的产物却成为统治人类的枷锁，拜物教就是这样产生的。最后，由于资本主义社会这一颠倒的性质，哲学作为社会意识不是被理解为由社会存在所决定的，而是相反，成

---

① 马克思，恩格斯. 马克思恩格斯全集：第44卷. 北京：人民出版社，2001：195.

为对现实的社会生活起着决定作用的东西。

二、资本主导的逻辑及其社会影响

既然资本是形式与内容、实体与过程的统一。那么，把握资本逻辑及其主导性也应从实体与过程的层面去把握。所谓逻辑的东西，既是一种思维体系，又是反映现实发展的具有规律的总体。因此，资本的逻辑，既表现为一种目的，即追求剩余价值，同时，实现这一目的的过程又是具有规律性的现实运动。资本增殖的逻辑以资本占有劳动为前提。当货币转化为资本后，资本又带来剩余价值，剩余价值在资本家手中积累便产生了更多的资本。这似乎陷入了一种循环，因为资本逻辑的起点和终点都是价值。马克思指出："这整个运动好像是在一个恶性循环中兜圈子，要脱出这个循环，就只有假定在资本主义积累之前有一种'原始'积累（亚当·斯密称为'预先积累'），这种积累不是资本主义生产方式的结果，而是它的起点。"[1] 换句话说，说明资本增殖的逻辑不仅要说明它是如何占有劳动的，还要回答它为什么能够占有劳动。马克思在《资本论》中指出，在资本按照增殖的逻辑运动之前，首先要完成的是原始资本积累。他对原始资本积累过程进行了深入的研究，发现原始资本积累绝不像古典政治经济学家所描述的那样如"田园诗"般浪漫。相反，资本作为积累起来的价值，是充满暴力与血腥的。

（一）作为资本运动起源的"原始积累"与自由劳动

货币转化为资本是资本增殖的逻辑起点，这种转化的前提是货币所有者和自由劳动者的对立，以及他们不得不发生的交往。马克思指出："一方面是货币、生产资料和生活资料的所有者，他们要购买别人的劳动力来增殖自己所占有的价值总额；另一方面是自由劳动者，自己劳动力的出卖者，也就是劳动的出卖者。"[2] 在这里，能够自由出卖自己劳动的劳动者成

---

[1] 马克思，恩格斯. 马克思恩格斯全集：第44卷. 北京：人民出版社，2001：820.
[2] 同[1]821.

为货币转化为资本的必要条件。然而，这里的自由劳动者有着双重意义：一方面，资本主义生产关系下的劳动者与以往社会的劳动者不同，它们既不像奴隶和农奴那样被当作直接的生产资料，也不像农业社会中的自耕农那样拥有一定的生产资料，相反，他们之所以自由，是因为他们与生产资料是完全脱离的。另一方面，在马克思看来，商品市场中生产资料和劳动者的分离是资本主义私有制关系得以实现的前提，并且，资本主义生产方式一经确立，它就不仅会保持这种分离，而且会不断扩大这种分离。资本关系的产生过程也就表现为这种分离的过程。因此，马克思得出结论："所谓原始积累只不过是生产者和生产资料分离的历史过程。这个过程所以表现为'原始的'，因为它形成资本及与之相适应的生产方式的前史。"[1]

在西方主导的话语体系中，资本与文明是一对孪生兄弟。资本意味着现代文明的存在和发展，工业化、城市化、现代科学技术、民主政治等都是资本作为文明力量的表现方式，因此，它与野蛮、蒙昧的人类社会状态相对立。马克思对资本原始积累过程的分析，深刻地揭露了资本主义生产关系野蛮的一面。这种原始和野蛮并不仅仅发生在资本占有劳动、剥削工人剩余价值的过程中。在马克思看来，资本的原始积累是最野蛮、最暴力的体现。这是因为，资本主义生产方式下资本家榨取工人的剩余价值，对工人的剥削虽然是非正义的，是违背人道主义原则的，但是这种剥削毕竟还披着文明的外衣，是在所谓的自由劳动的基础上发生的。同时，随着工人运动的发展和经济全球化的进程，对工人的剥削越来越隐蔽，甚至让人难以察觉。但资本的原始积累过程则是赤裸裸的、暴力的、充满血腥的。封建的生产方式孕育着资本主义的生产关系，而资本关系的形成却彻底地解构了原有的社会。劳动者不再与生产资料有任何联系，残酷的法令彻底地剥夺了他们的土地，掠夺、欺骗、残暴的恐吓手段使封建财产一下子都转变为现代私有财产，也正是在这一过程中资本与权力第一次紧密地联合起来。法律不再保护失去生产资料的劳动者，而他们也自然地被新兴的工业所吸收，成为被剥削的对象。资本积累过程是原始的，它绝不像资产阶级经济学家描述的那样如"田园诗"般浪漫，不是有人因为勤劳而致富，

---

[1] 马克思，恩格斯. 马克思恩格斯全集：第44卷. 北京：人民出版社，2001：822.

有人因懒惰而失去生产资料,而是暴力、血腥的掠夺。所以,并不存在什么真正意义上积累起来的价值,也正因如此,资本的逻辑、资本主义生产关系从一开始就不是文明的。暴力、野蛮、掠夺才是它的原罪,使它每一个毛孔从一开始就充满着血和肮脏的东西。

自由劳动者的存在本身是不自由、不平等的,所以资本主义生产关系不具有普遍的自由与平等的意义。劳动者的自由是相对的,他们与任何形式的生产资料都失去了联系,没有任何束缚,因此是自由的。然而,劳动者也正是因为丧失了全部的生产资料才使得他们不得不依靠出卖自己的劳动力来维持自身的生活。虽然劳动者可以自由地将自己的劳动出卖给这个或者那个资本家,但从绝对的层面来说,劳动者除了出卖自己的劳动以外别无选择。当劳动者进入市场,资本家支付工资,这种交换似乎是等价的,似乎遵循了市场经济等价交换的原则。但实际上,这绝不是等价交换,资本家用一定量的货币交换的不是劳动,而是对劳动力的使用权,即劳动创造价值的能力。由于交换商品和使用商品是两个不同的过程,资本家在交换中得到的对劳动力的使用权,在生产中表现为"消费劳动力的过程",这个消费过程也是"商品和剩余价值的生产过程"。因此,资本与工人之间所谓的"等价交换",生产出"G′",带来资本的增殖。表面上是无比公正的等价交换,实际上这一过程是资本占有工人创造出来的剩余价值的过程。由此可见,自由劳动和等价交换似乎彰显了资本文明自由与平等的价值原则,但实际上,这种自由背后是绝对的不自由,这种表面的平等蕴含的是极为深刻的不平等。工人创造的价值被资本占有,从而实现了资本的增殖,但在现实中却被描述成资本家养活了工人。

(二) 资本逻辑的本质及其承担者

资本的原始积累使劳动者与生产资料相分离,造成了资本与劳动的对立。当资本完成原始积累后,资本主义生产关系也随之确定下来。在这种生产关系下,货币转化为资本的条件已经形成,资本增殖的逻辑不断地在生产和交换中实现,发挥着资本职能的财富真正运动起来。资本的运动就其本质来说是一种增殖运动。首先,它把自身转化为生产资料,并以工资的形式作为报酬去劳动力市场购买劳动力;其次,在生产的过程中,资本榨取工人的剩余价值，并且最终在商品市场，通过交换实现剩余价值向资本的转变；再次，形成剩余价值的积累；最后，完成了增殖的资本马上又会投入到新一轮的增殖运动中。

在当代社会，资本增殖的逻辑更多地被理解为一种经济理性，是经济活动的必要条件。经济活动和自由活动的区别就在于，经济活动是一种纯粹理性的活动，是基于一定预期的计算行为；与经济活动相比，自由活动绝不可能仅仅表现为单一的理性活动。一定预期下的计算活动所反映的是经济理性，按照资本增殖的逻辑实现单位劳动创造最大交换值。由这种逻辑所规定的经济活动，使主体对经济活动的对象和活动本身给主体的感受变成单一的东西，即只关注生产的对象以及从生产到交换的过程是否能实现资本的增殖。这一过程本身所固有的痛苦与艰辛，以及它切实能够带来的情感价值和审美体验都成为不重要，或者可以被忽略的东西。为了能在竞争中生存，为了能够在流通中更快地实现价值向货币的转化，资本所有者将全部的注意力放在生产的效率和流通的效率上，于是技术革新、制度安排都要服从于生产和流通的要求，服从于经济理性。虽然资本增殖的逻辑具有理性的表象，但这种逻辑在本质上是盲目的，因为它绝不会追问或自我反省增殖的目的究竟是什么。如果说，资本增殖是它自身存在的方式，那么资本越是理性，它的盲目性本质就越发鲜明。起初资本只是在生产中作为具有主导性的要素，决定着生产、交换、分配和消费。但随着生产的发展，资本不再将自己的力量局限在经济生活中，而是用已经获得的主导力量，按照自己的逻辑来安排社会生活，以便在更高的程度上实现自我增殖。因此，资本不断地将自己生产出来，又将社会按照自己的模样创造出来。它就像一种普照的光，像一种以太，在社会生活的各领域存在。

资本增殖的逻辑，不论它在表象上是理性的，还是在本质上是盲目的，作为逻辑的东西，只能在主体上，在人的身上得以体现，而资本家就是这一逻辑的主体承担者。正是基于这种认识，马克思才说，我不用玫瑰色描述资本家，在这里只有资本（经济范畴）的人格化。资本只追求增殖的单一性逻辑，这种逻辑的盲目性和扩张性，都会通过资本家的贪婪反映出来。但是这种贪婪不应从伦理、道德规范和他们自身的缺陷来理解，而应该从生产关系，以及他们在这种生产关系下的历史地位去理解。资本家作为资本的所有者,是资本运动"有感觉意识的负担者",正是在这个意义上他们才成为资本家。正如马克思所说:"只有在越来越多地占有抽象财富成为他的活动的惟一动机时,他才作为资本家或作为人格化的、有意志和意识的资本执行职能。"① 这就表明,作为主体,资本家自身已经不再是具有自由意志的主体了,而他们的意志已经完全资本化,是资本的意志和资本的逻辑在他们身上的反映和体现。所以,马克思对资本人格化的产物及资本家的描绘,再次向人们揭示了资本主义社会是一个颠倒的社会。资本作为劳动创造出来的价值,它不仅占有劳动,它还占有资本的所有者。它统治劳动,进而统治劳动者,同样,它也统治着资本家,让资本家只能成为它自己,于是所有人都要接受它的统治。

(三) 资本主导的逻辑的社会表象

当然,资本逻辑超越生产领域而成为对整个社会具有主导性的逻辑,是一个历史过程。这个过程表现为,资本主义的生产方式逐渐与它诞生时的样式相分离。相对于传统的生产方式而言,资本主义的生产方式将劳动同质化,这必然将人的生产从偶然和不确定中解放出来,具有进步意义。人的生产活动一旦获得这种确定性,就会变成未来生产的全部需求,变成某种自由意志。随着生产的进一步发展,这种在本质上具有单一性的自由意志逐渐变成普遍的需求,替代了在传统社会中的宗教、礼俗、道德规范、传统价值对人的行为的规范。最后,在这种生产方式极端发展下,人最终开始尝试按照这种自由意志来规范社会、规范世界,把自然和社会按照当时人们所信仰的原则生产出来,而资本逻辑就是这种规范活动的原则。这事实上也就是工业文明和人化自然观的实质,从此,人的实践在某种意义上成为对世界具有本源性意义的东西。

资本逻辑之所以具有主导性,是因为它不断地突破有限需求的限制。实际上,满足人们有感知的需要,即满足吃、喝、住、穿等人类存续的基本条件,已经远远不是资本逻辑主导的生产的目的。人们在生产中付出辛劳,忍受痛苦,不仅为了满足这些基本需求,还为了满足这些基本需求之

---

① 马克思,恩格斯. 马克思恩格斯全集:第44卷. 北京:人民出版社,2001:178.

外派生出来的需求，它们是资本增殖的逻辑创造出来的。资本增殖本质是对数量和效率的无限追求，表现为一种越多越好的逻辑，并成为信仰。资本逻辑的主导就是经济理性向社会生活各个领域扩张侵略的过程。资本逻辑的终极结果是将自己的理性外衣彻底撕碎，从而走向理性的反面，这一过程所带来的社会恶果十分明显，主要表现在三方面：第一，从经济层面来看，资本逻辑导致经济活动中逻辑颠倒，不是生产决定需要，相反是虚假需求决定生产；第二，从人本层面来说，资本逻辑不断追求扩张必然使劳动者、工人阶级受到摧残；第三，从哲学层面来说，资本逻辑的扩张会导致主体的消亡。

资本逻辑的主导性为利润最大化的终极目的服务。要获得超额利润就必须不断地扩大再生产，这样一来，资本家必须为不断生产出来的更多的商品找到足够的消费市场。然而，消费者的需求毕竟是有限的，为了销售生产出来的商品，需求必须扩张到消费者的基本需求与理性需求之外。因此，经济理性将会渐渐失去它的"自然基础"，"生产不再具有满足现存需要的功能"，相反，是"需要逐渐地具有了促使生产不断增加的功能"[1]。原来的生产决定消费的经济学逻辑彻底颠倒过来。消费商品不是为了满足需要，而是为了实现消费，于是必须不断地被创造出来。因此，资本逻辑必须具有意识形态功能。你拥有的越多你就越成功，你拥有别人没有的就是成功的标志。对更多、更新的追求就成为广泛认同的价值和评价原则。这就是所谓的"商品制造消费者"的社会。

不断被制造出来的消费需求，实际上是虚假需求，这种需求给人们一种假象，似乎人们的需要永远无法满足。这种假象的产生与以资本逻辑为主导的意识形态密切相关，它深刻地影响着人们的身心以及阶级意识。在资本逻辑的主导下，劳动者作为个体被摧残到了极致，这种摧残在当代更多地反映在精神层面。劳动者作为无产阶级只能用工资作为衡量一切的标准，为了获得更高的工资待遇而拼命工作，却把工作本身蕴含的其他一切价值和不可量化的其他意义统统抛在脑后。

从哲学层面看，资本逻辑的扩张使得经济活动中的"艺术"成为一种

---

[1] GORZ. Critique of economic reason. London：Verso Press, 1989：114.

客观的科学，资本逻辑以对效率的追求和科学化的名义，使道德的因素和伦理的价值被消解和驱散。因此，也不可能存在对经济理性的挑战。于是，人的活动就不再是善恶问题，而是以是否符合利润最大化原则的经济问题，资本的逻辑就成为人们行为的依据和准则，人们也因此丧失了作为主体的能动性和多样性。人的主体性被增殖的理性所取代，在现实生活中就表现为主体性为资本逻辑服务的这种颠倒。

第二章
资本主导下的西方扩张

一部世界近现代史，既是人类不断走向区域化和全球化的历史，从某种意义上看也是资本主导下的西方扩张史。在伴随着三次工业革命而来的三次现代化大浪潮中，起初，西方国家在现代化原始积累的时期展开对世界范围内的资源的残酷掠夺，这时期，以对资源和财富的追求为主要表现形式的经济扩张是主要的扩张形式。随后，政治成为经济的延续，而战争成为政治的延续，以对殖民地的政治控制为主要表现形式的政治扩张成为二战前主要的扩张形式。后来，对经济利益和政治权力的争夺日益以"文明的形式"呈现出来，意识形态的和平渗透和话语权的争夺，成为重要的手段，但背后仍然是物质利益的争夺。这在二战以来，尤其是冷战结束以来，表现最为明显。

不可否认的是，西方在现代历史上发展起来的物质文明、政治文明和思想体系已被证明具有一定的历史意义，从代议制民主政体到自由市场经济，从社会主义学说到女权主义、生态主义，这一系列成就虽未必全部发韧于西方，但却首先是在西方的语境中得以发展和完善的，并随着西方的扩张而传播至全球。然而，从总体上看，资本主导下的西方的经济扩张、政治扩张和文化扩张过程，主要是西方国家对他国利益、资源和财富的侵占过程。这里用三次现代化浪潮分别对应西方国家的经济扩张、政治扩张和文化扩张。当然，这种概括不能绝对化，应该说在每一次现代化大浪潮中，资本主导逻辑下的三种扩张形式都是或多或少存在的，只是主要表现形式有所不同而已。其中，经济扩张始终是核心，政治扩张是手段，文化扩张则是光鲜的外衣，通过政治扩张和文化扩张为经济扩张建立适宜的全球政治文化环境。

一、扩张前的准备时期

历史是人们在时间和地理空间之中的活动与经验。对历史的描述和研究是现代人所取得的一项重要成就。据目前掌握的资料显示，大约在7 000年前，尼罗河流域率先出现文明之光，两河流域、印度河流域和黄河流域也相继出现远古文明，这些地区就成为人类最早的文明发源地。回顾历史，凡是在文明出现、延续并扩展起来的地区，往往都不只存在一个文化中心。往往是诸多区域性的文化通过接触交流而融汇出共同的特征，最终形成一种相对稳定的文化模式。围绕这些文化模式，开始出现多个文化圈。文化模式的核心是价值体系，同一文化模式中大体相同的价值取向构成一个文化圈。作为无形的存在的文化，只有借助于人群、部落以及后来产生的民族国家等有形的载体才能固定下来，并向外扩散。这些有形的载体，体现在深层的运行机制上，主要就是社会建制，其中最重要的两项就是国家与宗教（意识形态）。在古代文明和传统社会中，全世界主要形成了四大文化圈，即"中国文化圈"、"印度文化圈"、"伊斯兰文化圈"和"欧洲文化圈"（也称"基督教文化圈"）。

自1500年，虽然人类的基本生活方式在19世纪之前没有发生大的变化，但是随着文艺复兴、地理大发现、宗教改革、商业革命、科学革命和启蒙运动，人文主义和理性主义逐渐侵蚀了宗教信仰的权威地位。如果说在传统社会人向上帝或德行权威屈服，那么现在则随着这一系列事件人开始觉醒了。在传统农业文明逐渐解体的过程中，一个主体性崛起的时代缓缓拉开了大幕。在这段时间里，西欧发生的一系列事件为工业文明开辟了道路，为现代化酝酿了因素。这些事件主要包括农奴制改革、文艺复兴、宗教改革、地理大发现、民族国家的出现等。在这段时间里，世界其他国家和地区也发生了诸多重大的历史事件，如中国的清朝建立、印度的莫卧儿王朝建立、奥斯曼帝国的苏里曼大帝的扩张等。与西欧发生的严重冲击农业文明的事件不同，其他国家和地区发生的这些历史事件不仅没有对农业文明造成冲击，反而巩固了农业文明。正是在这段时间里，西欧积聚了向现代社会转型的条件，虽然在发展水平上还没有走到世界前列，但在发展趋势上已经开始走到了其他地区的前面。

西欧在发展趋势上的这种领先地位，还体现在一系列的历史活动上。在经济活动上，14、15世纪，地中海沿岸的某些城市（如威尼斯）已经稀疏地出现了资本主义生产关系的萌芽，但是资本主义时代是从16世纪才开始的；从政治活动上看，16—19世纪，荷兰、英国、法国、德国及其他一些国家，先后爆发资产阶级革命，变革了封建制度，从而为资本主义生产方式取代封建的生产方式扫清了道路；从文化活动来看，文艺复兴是盛行于14世纪到17世纪的一场欧洲思想文化运动。文艺复兴最先在意大利各城市兴起，以后扩展到西欧各国，于16世纪达到顶峰，带来一段科学与艺术革命时期，揭开了近代欧洲历史的序幕，被认为是中古时代和近代的分界。此外还有西欧近代思想解放运动的宗教改革与启蒙运动。

17世纪的科学革命更是产生了令人瞩目的成就。随后的时期，是阐明和普及17世纪科学革命所产生的格外富有创造性的思想的时期。这些思想最终使西方发生了翻天覆地的变化，并随着西方的扩张而使整个世界发生了天翻地覆般的变化。当然，随着时代和实践的发展，这些思想也在不断发展、修正和完善。但是，这些思想凝成了在人类社会历史发展中发挥重要作用的思想力量，直到今天仍然富有生命力。

18世纪的商业扩张是资本主义发展过程中的重要阶段，极大地推进了人类物质财富的增长，它也是为有尊严的人类生活奠定物质基础的重要经济活动。这一时期财富的增加是依靠商业资本主义和手工业而实现的。随着民族国家的形成和巩固，经济发展上开始了从以城镇为中心的经济体系向以国家为中心的经济体系的过渡。在精神文化上，从传统社会倡导"知识即美德"转向开始提倡"知识就是力量"。随着经济社会的发展和科学的发展，18世纪在历史上成为著名的"启蒙时代"。启蒙在"现代化"发展中总是代表一次有决定性作用的历史运动或是一股有决定性作用的历史力量。

二、第一次现代化大浪潮和经济扩张

在由英国工业革命和法国政治革命掀起的第一次现代化大浪潮中，先发现代化国家凭借工商业的优势，在全球寻求资源和扩大市场，极大地推动了资本逻辑主导下的经济扩张。伴随着这种经济扩张的,是经济资源和经济利益的不均等流动和分配。后发现代化国家往往在经济上依附于先发现代化国家,成为原材料产地与成品销售国。

18世纪后期到19世纪中叶,英国工业革命和法国政治革命掀开了人类历史新的一页,人们的生产生活方式开始发生有史以来最大的变化。美国当代著名历史学家曾这样描述现代化前后的生活方式巨变:"人类的物质文化在过去的200年中发生的变化远甚于前5 000年。18世纪时,人类的生活方式与古代埃及人和美索不达米亚人的生活方式相同。人类仍在用同样的材料建造房屋,同样的牲畜驮运人和物,同样的帆和桨驱动船只,同样的纺织材料缝制衣服,同样的蜡烛和火炬照明。"[1] 在经历了现代化准备阶段,西欧进入了现代化的启动阶段。先发却后至的葡萄牙、西班牙本有机会领先,但是它们的海外扩张不仅没有刺激民族经济的发展,反而助长了有害于经济社会发展的奢侈无为之风。英国和法国在这一阶段走在了人类历史发展的前端。它们先借助王权的力量塑造了国家的权威,用民族国家取代君主国家,率先开始克服专制王权,为现代化扫除障碍,然后借助于工业革命迈向现代化。现代化主要是从传统农业文明向现代工业文明的转型。英法之所以能在现代化进程中走在前列,也与其特殊的城市和商业有关,即始终游离于主流体制之外,未成为社会基本结构内的一个部分,而不像传统中国的城市和商业始终笼罩在皇权至上和士农工商的结构排序中。

工业革命是掀起现代化大浪潮的主要动力。就第一次工业革命本身而言,主要就是从手工工具转到动力机械的过程。工业革命是从早期的技术实践及其经验积累中逐步发展起来的,因此人们不可能准确地确定工业革命开始的年代。无论是刚开始工业化的国家,还是那些最发达的国家,工业革命都还在不断前进。世界上受工业化深刻影响的第一个国家是英国,它在1780年以后的半个世纪内,工业革命的效果就已经明显而普遍地显示了出来。在19世纪中叶第一次工业革命基本完成之后的20多年间,整个

---

[1] 斯塔夫里阿诺斯. 全球通史:从史前史到21世纪:下册. 北京:北京大学出版社,2006:479.

世界在经济上的革命主要靠的是铁路和轮船，在政治上的革命靠的是统一的大民族国家的形成和专制制度的消解。所有这些率先迈入现代化进程的国家在当时都体现了一定的自由和宪法的原则，至少确立了议会机构和代议制政府。然而，从全球来看，由于主要由工业革命推动的世界经济政治发展的不平衡性，当时的世界也已经变成一个竞争场所，一些强大起来的国家开始寻求扩充它们的经济和政治利益。当时的列强是英国、德国、法国、奥匈帝国和俄国。同时，英国还在加拿大成立了一个子国家。而意大利是否也算列强，这个问题还存在争议。当时的西方人尚清楚日本人将会做些什么。大家基本都同意美国有朝一日会在国际政治上发挥巨大的作用，不过历史尚未发展到美国的时代。

在现代化转型阶段，一个国家在政治上的统一、独立自主和克服君主专制是其经济社会能够发展强大起来的基本条件。15、16 世纪发生的那些历史性事件，从文艺复兴、地理大发现、宗教改革、商业扩张、民族国家建立等，都不是首先发生在英国。英国只是在克服专制王权这一步上领先，结果就第一个迈进了现代世界的大门，开始了从传统农业社会向现代工业社会的转变。当然，除了这个最重要的政治上的原因外，英国依靠早期商业和航海上的成就进入了世界市场及英国式的生活鼓励个人冒险和革新精神等也起了重要的作用。1688 年的英国革命，进一步确定了议会对国王的支配地位，也就是确定了富有者阶级占据支配地位。英国率先实现了工业革命，使其在现代化启动阶段领先并占尽先机，成为其他国家学习和模仿的典型。英国的崛起主要就是依赖于保持一个世界性的自由交换的经济制度，以及一直存在的能够维护其经济利益的英国海军的制海权。随着英国工业革命后在世界上控制力和影响力的扩大，这种资本主义式的自由在全球产生了广泛的影响。在 19 世纪上半期，除了英国外，其他任何国家都未拥有一支像英国所拥有的那样举足轻重的海军。由于拿破仑和大陆封锁体系被击败、工业革命给英国的工业家带来动力机械、在海外属地方面无可匹敌的实力和对海军力量的实际垄断，在现代化启动阶段领先的英国人开始进入充当世界领导的时代，这一时代可以说是从 1814 年一直持续到 1914 年。数次的拿破仑战争在某种程度上反而帮助英国度过一个非常困难的社会危机，因为产业革命引起流离失所、秩序混乱、苦难和失业，甚至在有限的少数人中产生革命骚动,但所有这一切都被抵抗波拿巴的爱国主义的需要和民族主义的激情所掩盖或遮蔽了。

自由精神必然在政治权力和政治体制上追求民主共和,而民主的政治体制以及法治正是自由的重要保障。作为掀开现代大幕的另一标志性历史事件的法国政治革命,在巩固了法国的经济扩张优势地位的同时,也极大地推动了民主共和观念和法治意识的深入人心。19世纪以前,法国是一个农民占多数的国家。和中世纪的农民没有多少差别,法国农民基本上维持着自给自足的自然经济,保持着以往的生活方式。法国革命和拿破仑为现代世界提供了政治组织工作和独裁统治的一些新模式。同时,一些著名的革命事件也有助于传播人权、政治参与、民主政府和经济组织工作的一些新观念,这些新观念仍然是遍及现代世界大多数地方的强有力的文化观念;而在法国革命和拿破仑的支持者和反对者中都得到发展的民族主义大众思想意识,迅速变成了现代世界历史中的一个最普及的政治的和文化的力量。所有这些思想有助于产生和重塑现代社会一些富有特点的制度。在维也纳会议后和其他一切企图保卫或复活旧秩序的努力后,这些思想继续吸引着支持者。法国革命和拿破仑战争,虽然造成了混乱局面和可怕的破坏性暴力,但制造了一项持久的、政治的和文化的遗产,影响了世界各地的现代国家,并一直持续到今天[1]。作为由法国政治大革命掀起的革命浪潮的主要成果,农民的解放、宪法的人权保障和人民独立精神的增强等促进了精神文化的发展。法国政治革命在精神文化上的影响,主要是极大地推动了民主观念和共和主义的普遍传播且深入人心。诚如英国19世纪的自由主义思想家米尔所强调,民主不过是为了适应人性的自私自利而发展的一个勉强可行的制度。这种思想在18世纪末叶的美国《联邦党人文集》中表现得更为明显:人的自私自利是本于天性。因此结党营私、争权夺利是很自然的事。我们既然无法在本源上根除人的自私自利,只有以制度在效果上去求规范与疏导,这就是民主政体的功能。这显然是与高调民主观很不同的一套民主思想[2]。经历法国政治革命及受其影响的"1848年革命"

---

[1] 帕尔默,科尔顿,克莱默. 现代世界史. 北京:世界图书出版公司,2009:357-358.
[2] 张灏. 幽暗意识与民主传统. 北京:新星出版社,2006:228-230.

的洗礼，民主共和的观念开始深入人心。思想理论家尤其是启蒙运动时期的思想家对民主、宪政和分权等思想的分析论证和系统阐释，为民主共和观念奠定了思想基础，并提供了令人信服的理性逻辑论证。

英国依靠率先发动和完成工业革命在工业化方面取得突出成就，法国政治革命对欧洲乃至世界产生了深刻而长远的影响，这两种联合的力量导致1815年以后种种新学说和运动的产生。这些学说肯定了资产阶级的自由观念，以及其经济扩张的利益诉求。

三、 第二次现代化大浪潮和政治扩张

在第二次现代化大浪潮中，比英法发展晚的现代化国家，在进行经济扩张和追求国家利益的过程中，遇到了已然形成的"原材料供应国和成品生产国"的经济形势。德国、日本和意大利开启了以武力抢夺经济资源和殖民地的模式，导致了血腥而残酷的两次世界大战。先发现代化国家在资本逻辑主导下进行政治扩张，在全球划分势力范围，建立殖民地政治，以维护其经济利益，是这一时期资本主义扩张的重要特征。

第二次工业革命从19世纪六七十年代开始，在19世纪末20世纪初基本完成，此后世界由"蒸汽时代"进入"电气时代"。在这一时期，发达资本主义国家的工业总产值超过了农业总产值，工业重心由轻纺工业转为重工业，出现了电气、化学、石油等新兴工业部门。从1870年至1900年之间，在工业国家里，实际工资，也就是说工资领取者的收入在实际上可能有的购买力，即使把由于失业造成的损失也算在内，增长大约50%。从1800年到1950年，不过经历五代人，欧洲人口就由二亿左右增加到七亿。1871—1914年欧洲引人注目的特点，是在物质和工业上空前未有的发展，国际和平，国内稳定，立宪的、代议制的和民主的政府建立，以及继续对科学、理性和进步怀有信心。

与此同时，新一波的欧洲帝国主义浪潮在非洲和亚洲扩散，造就新的殖民帝国、新的世界经济联系及新的国际冲突和文化冲突。对世界市场的向往，驱使欧洲开始了真正的全球性扩张。到1900年左右，欧洲人占领了美洲和大洋洲的全部、非洲的绝大部分以及亚洲的大部分地区。这一切

还制造出一份遗产，这份遗产甚至影响了现代世界。三个多世纪以来，对自然科学力量的相信已经成为现代社会的特点，但是以前任何时候都不像第一次世界大战之前半个世纪那样，这种信念为那么多人所接受，被他们那样坚定地、乐观地持有，并且抱有那样少的疑虑。科学成为整个工业化运动的基础。科学在1870年之后已经变得绝对流行，即便对科学一无所知的人也将它视为智慧的启示，这是因为它对于每一个人来说，都在日常生活中不断地显现出新的奇迹。当世界上较文明的地区刚刚领会了铁路、轮船和电报的好处的时候，一系列的新发明便问世了。在1875年之后的30年里，美国的专利数量增加了3倍，德国增加了4倍，其实，在所有的文明国家里这一数字都在成倍地增加着。科学和技术的发展，就像在这个世界曾看到过的任何一次运动一样完全国际化了（尽管主要限于"内部地带"）。科学发明的突飞猛进，对于建设性的工作和人类的严重问题，起着根本性的作用，这是以前从未有过的事；从这个意义上来说，科学技术对人本身的发展也产生着同样的效果。随着现代化的推进，城市生活逐渐取代农村生活，城市也有了现代社会的风气。

以工业革命和政治革命率先拉开现代化大幕的英国和法国开始反思资产阶级倡导的自由主义，注重加强在经济社会与政治领域的控制和计划。在英国和法国，资产阶级取得自身自由后成为既得利益集团，开始要求控制和秩序，但是他们吸取君主和贵族被取代的教训，也注重通过社会保障和社会福利维护工人利益及其诉求表达渠道，资产阶级在这一阶段仍然显示了满满的自信。新帝国主义的产生其实也是自由主义衰落的重要症候。古典自由主义对殖民地并不感兴趣。到1900年左右所谓的经济民族主义开始引人注目，其主要是国家依靠关税、贸易竞争和国内管理，奋力改善自己的境况，而无须理会对其他国家的影响。企业、工人和商人隶属哪个国家、受什么样的政府支持，以及所在地区的法制制度，对其有重要的影响。戴维·劳合·乔治时代的英国自由党人、美国共和党总统西奥多·罗斯福和民主党总统伍德罗·威尔逊的"新自由主义"，均认可了政府在经济社会发展中扩大作用的做法。用政府行动反对垄断和托拉斯以复兴经济竞争的行为越来越普遍。不应忘记的是，古典自由主义的鼓吹者们往往反对日益加强的政府权力和中央集权。第一次世界大战期间各国盛行的"计划经济"也标志着古典自由主义的衰落。第一次世界大战使欧洲社会发生了许多比战争本身要持久得多的根本变化。正如人们早已知道的,战争深刻地影响了资本主义制度。旧资本主义制度(经济自由主义或自由私人企业)包含着这样的思想,即政府应让企业独立地活动,或者说,至多是要求工商业在遵守某些共同规范的条件下经营其本身的事务。早在1914年以前,各国政府已日益参与经济领域的活动。它们提高关税率,保护民族工业,通过帝国主义扩张活动以寻找市场或者原料,或者批准颁布有利于雇佣劳动阶级的社会保护法规。在战争期间,所有参战国的政府不断地控制其经济体制。的确,"计划经济"的思想在第一次世界大战期间最先得到了应用,因为交战中的各个国家都试图将整个社会的财富、资源与精神上的意图统统引向单一的目标。德国由于通往海上以及通往俄国和西欧的通路受到阻拦,于是被迫采取了前无先例的自给自足的一些措施。跟其他的交战国相比,德国属于食物较少的国家。德国政府对各方面的控制变得更为彻底和有效,由此出现了其所谓的"战时社会主义"[1]。古典自由主义的这些衰落,都和其自身的弊端分不开,这也说明了人们在不断探索更完善的经济社会发展体制或国家运行模式。

正是英国这个当时的"世界工场",在19世纪中叶发起了向自由贸易进军的运动。人们不难想起,由于废除了《谷物法》,英国人在1846年着手制定了一项系统的自由贸易政策,在食品上故意甘愿依赖从海外进口。1860年,法国实行了自由贸易政策。紧跟着其他国家也采取了同样的行动。不错,除了英国、荷兰和比利时之外,1880年那时确实有一个退回到保护性关税政策的运动存在。但是,这些关税与其说是障碍,倒不如说是限制,而且直到1914年,经济体制的特点仍然是货物不受国界所限,具有极大的流动性。在政治方面,欧洲流露出比以往任何时候都更加强烈的国家主义;不过,经济活动处于普遍的自由主义环境里,在这种环境下,商业被认为应该不受政治国家限制,因而经济活动依然主要是国际性的和全

---

[1] 帕尔默,科尔顿,克莱默. 现代世界史. 北京:世界图书出版公司,2009:589-591.

球性的①。实际上，这种对自由主义的坚守，所坚守的已不再是古典自由主义，而是对古典自由主义的反思、批判和超越。1870年以后所坚持的自由主义已经是一种超越了古典自由主义的新形式了。

相对于英国和法国的先发性现代化，德国走上了一条后发的防御性现代化道路。在古典自由主义逐渐衰落的时代，德国的现代化发展模式主动选择对自由精神的超越。德国的现代化道路即德意志的"独特道路论"，是对德国现代化的启动和发展阶段，主要由19世纪中后期的"普鲁士学派"所创造，经过之后一两代历史学家（尤其是所谓的"新兰克学派"）的进一步发展，并在所谓的"1914观念"或"1914精神"中达到了顶峰。令人遗憾的是，德国的防御性独特现代化模式在第一次世界大战和1929—1933年世界性经济危机的刺激下，走上了法西斯主义指导下的极权式道路。在英国和法国率先走上现代化道路时，德国在1871年以前还一直处于四分五裂的状态。走向统一后的德意志也不甘心跟随英国和法国的道路，而是试图探索自己的独立的现代化道路。

在意大利兴起的组合制度、鼓舞国民的心理作用和军事帝国主义的冒险引起了德国人的兴趣和模仿。希特勒是墨索里尼在德国最聪明的学生。德国政府在把所有权留在私人手里的同时，对工业采取了越来越多的控制。20世纪的极权主义国家，是庞大而坚如磐石的，声称对生活的每一个部门具有绝对的支配权，这些国家把国家主权的这种原有的事态发展推到新的极端。各极权主义国家的人民接触不到一切独立的消息，又没有方法检验任何官方的断言，因而越来越在事实上，而不仅仅在社会学的理论上，变得没有推理的能力。极权主义是对真实的阶级冲突的一种逃避。它也是佯称贫富之间的差别是次要的一种方法。典型的做法是，极权主义政权通过煽起阶级恐惧来取得权力，然后继续掌权，并通过宣布它已经解决了阶级问题，而把自己说成是必不可少的。各专政国家把它们的种种麻烦归罪于国外的势力。暴力，接受甚至美化暴力，确实是把极权主义制度同民主主义制度最明显地区分开的特点。极权主义教育青年人要重视身体，

---

① 麦克莱伦第三，多恩. 世界科学技术通史. 上海：上海科技教育出版社，2007：481-482.

不要重视头脑，要强硬和冷酷。身体的崇拜风靡一时，但头脑衰退了。专政政体（即使不一定是极权主义类型的专政政体）的倾向在 20 世纪 30 年代扩展到欧洲各地。到 1938 年，就不同的政党为公职进行诚实的竞争以及公民在宽宏大量的限度内为所欲为的这个意义来说，27 个欧洲国家里面只有 10 个仍然是民主政体，它们是英国、法国、荷兰、比利时、瑞士、捷克斯洛伐克、芬兰、丹麦、挪威和瑞典。议会或民主传统的薄弱或缺少、教育和文化水平的低下、反动分子的敌意、对布尔什维主义的担心，以及对现有的少数民族的不满，全都和大萧条里产生出来的经济的极度紧张凑在一起，导致新的代议制的垮台。除了德国和意大利公开宣布的极权主义或法西斯政权以外，新的专政政体和独裁制度一般都是建立在个人权力和军事权力的结合上。在许多方面，军事首领和军事集团统治下的拉丁美洲的独裁政体，都很像欧洲的军事独裁政体；而且到目前为止，类似的压制性的一党政权也在世界其他地区重新出现。各独裁政权在压制个人自由、禁止反对党以及取消或废弃议会制度方面都是一样的。许多国家从法西斯主义那里借鉴一些特点，建立组合国家，宣布独立的劳工组织为非法，并禁止罢工；许多国家，如匈牙利、罗马尼亚和波兰，制定了"反犹主义"的立法。在一个以群众为基础的革命的独裁政体里，把一切政治的、经济的、智力的和生物学的活动全面协调起来的，没有任何一个右翼政权做得像希特勒的第三帝国那样彻底[1]。古典自由主义因其自身的弊端而衰落，是时代的潮流。试图取代这种现代化模式的德国却走上了法西斯主义的道路，这不得不令人思考究竟如何处理现代化进程中的自由精神和控制强度之间的矛盾。社会主义和女权主义等从扩展公正意识的维度继续着这一探索。

欧洲文明带有浓厚的扩张性特征，它的崛起过程也是一个不断向外扩张、显出强烈的扩张倾向的过程。从中世纪拉丁基督教世界依靠征服和改变宗教信仰进而囊括了从西班牙直到芬兰的整个地区的扩张，到地理大发现时期以及随后开始建立殖民统治的时期，从美洲国家的欧洲化，到欧洲文化在俄国上流社会中间传播和扩大影响，从法国人进入了阿尔及利亚、

---

[1] 帕尔默，科尔顿，克莱默. 现代世界史. 北京：世界图书出版公司，2009：690-694.

英国人加强了对他们占领下的印度的控制、荷兰人加紧了对爪哇岛及邻近岛屿的全面开发，到西方列强打开日本国门及开始向中国全面渗透，欧洲人的扩张意识经久不衰，欧洲文明的扩张精神源远流长，这种扩张的后果就是帝国主义的出现。帝国主义是由欧洲综合在一起的商业、工业、金融、科学、政治、报业、知识、宗教和人道主义等的推动力所共同产生的，是伴随现代化进程而不断演化的，它的倡导者声称它可以给那些尚处在蒙昧状态下的国家和地区带来文明。在一定程度上可以说，帝国主义甚至成为代替中世纪宗教信仰的新信仰，成为"现代文明"信奉者的"远征十字军"。比如，英国人说这是"白人的责任"，法国人称其为"文明的使命"，德国人的说法是"文化的传播"，美国人则说成"盎格鲁-撒克逊保护者的祝福"。当然，这种帝国主义扩张精神中还包含19世纪国际法的一个准则，即文明国家不可以互相干预内部事务，但是有权在落后国家进行干预甚至对其直接控制。

1880年左右，殖民地问题突然又出现在显著位置上，并成为政治扩张的主要形式。短短20年的时间，即到1900年，这些先进国家已经瓜分了大半个世界。现代欧洲文明的经济制度、政治制度、文化制度及其思想，约在1870年之后已经稳步扩展到世界的大部分地区。那些欧洲的大民族国家，如今倚仗科学和工业的占压倒优势的新力量为它们自己建立了跨越全球的帝国。从此欧洲历史同亚洲、非洲和美洲历史比以往更多地融合到世界历史之中。到1900年，在人类历史上，第一次可以称为"世界文明"。1914年欧洲确立起了世界性优势地位。尽管所有国家在语言、文化和社会实践等方面还保持着重要的差异，但都不由自主地被拖入一个世界经济和世界市场之中。那些政治和经济的现代性的标志，如现代科学、现代战争武器、机器工业、快速通信系统和交通系统、工业组织机构、有效率的税收和执法形式、行之有效的公共卫生体系、卫生设备和医学等，无论在何处都非常相似。

帝国主义，或者说19世纪后期的殖民主义，可以简短地解释为一国人民统治着另一国人民。事实证明，欧洲帝国主义不过是昙花一现，第二次世界大战之后这样的形式就减弱直至消失了。但是"后殖民"社会获得政治独立以后，殖民体系的经济和文化方面仍继续影响着它们。新帝国主义无论在经济方面还是在政治方面，均不同于早期殖民主义。过去那些旧殖民地区是沿海的。欧洲商人在印度、爪哇或广州，只是从当地商贾手中收买货物，而那都是些用土法生产的产品，他们之间是在现金交易的基础上往来。欧洲各国政府还不曾有过占领货运通道中继站和贸易中心的领土野心。就这些一般情况来说，美洲、菲律宾和澳大利亚是例外，它们既无欧洲人敬重的当地政府，又无令欧洲人感兴趣的本地工业，所以欧洲人在那里提出了领土要求，并进行投资，带去了自己的生产方式和管理制度，特别是在当时西印度群岛那些盛产蔗糖的岛屿上。处于新帝国主义阶段的欧洲人不再满足于只购买由当地商贾提供的货物，他们想要的货物，无论是种类或数量，都是从前的手工业方式不能满足的。他们更加彻底地渗透到"落后"国家。他们在那里投资，建设矿场、农场、船坞、货仓、工厂、提炼厂、铁路和银行。他们又修建办事处、住宅、旅馆、俱乐部和适宜白人在热带生活的凉爽的山岭避暑地。同时还接管了该国的生产活动，把当地的大部分居民变为外国雇主的支薪雇员，结果把工业欧洲的阶级问题也传了过去，而这种阶级问题因为种族差别变得更为严重。或者，他们借钱给当地统治者，如埃及总督、波斯国王或中国皇帝，使他得以维持摇摇欲坠的宝座，或者只是让他们能享受本国人负担不了的奢侈豪华的生活。这样一来，欧洲人就超越了西方文明的范围，与各国政府在各种经济事业上建立了重大金融利害关系。该阶段与旧殖民主义时期发生的情况大不相同了，欧洲人为了保护这些投资以及出于其他原因，急欲取得政治和领土的控制权①。

欧洲文明的这种扩张精神，有着多方面的原因：首先，在经济方面，只有热带地区能够供应欧洲人在生活上需要的许多东西。其次，率先走上工业化道路的国家都在想方设法为它们的产品寻找出路，帝国主义急需寻找新的市场。1870年以后，英国、德国、美国、日本以及其他一些国家在国际贸易上的竞争日益激烈。再次，先进国家提高关税限制他国产品进口，这就使每个工业国家必须开发依附于自己的一片有相当数目的"保护性市场"，在这个市场里面宗主国将供应工业制成品以换回原料。这种想

---

① 帕尔默，科尔顿，克莱默. 现代世界史. 北京：世界图书出版公司，2009：529.

法便是创立一个自给自足的巨大贸易单位,它有各种各样的气候和各种类型的资源。最后,资本逻辑推动着欧洲国家的海外资本输出。利润动机或为"剩余"资本找出路的欲望,促进了帝国主义的发展。19 世纪中叶,大部分输出资本为英国所拥有,到 19 世纪末叶,法国、德国、美国、荷兰、比利时和瑞士等国的投资者增加了在国外的投资和贷款。从 1850 年,输出的大多数资本用于建设欧洲、美国、加拿大、澳大利亚或阿根廷这些白人世界,到 1900 年投向未开发地区的输出资本多了起来。

值得注意的是,随着欧洲文明的扩张及其对世界的影响,亚洲的自我主张与新民族主义也开始出现。日本通过明治维新以及和西方的接触与交流给亚洲被压迫民族做出了榜样,亚洲人得出了这样的深刻教训,即必须把西方的科学和工业引进自己的祖国,同时必须像日本人那样摆脱欧洲人的控制,自己掌握现代化进程并保留自身的民族特点。殖民地的知识精英将他们通过各种途径学来并不断增长的关于西方文化的知识,与自己的文化传统结合起来,由此创造了成为现代欧洲帝国主义在世界范围的主要遗产的新的民族主义。比如,伊朗在 1905 年,土耳其在 1908 年,中国在 1911 年先后爆发了民族主义革命。在印度和印度尼西亚,也有许多人为日本人的成就所激励。英国人面对日益激烈的骚动,从 1909 年起准许一个印度人参加总督领导下的执政委员会,而荷兰人则于 1916 年设立了一个包括印度尼西亚各阶层人士参加的人民会议。到第一次世界大战之后,亚洲人争取自治的运动愈演愈烈了。

资本主义发展的不平衡性所导致的两次世界大战,显示了西方国家政治扩张过程中的矛盾冲突,给世界发展造成了重大影响。从经济实力来看,两次世界大战的结果都是必然的。1913 年,德国只占世界工业生产总额的 16%,英国法国俄国三国加起来占 26%,美国则占 36%。日本直到 1938 年也只占世界工业生产总额的 4%,英国占 9%,法国占 5%,美国占 32%,苏联占 19%[①]。所以在第一次世界大战中德国必败无疑,第二次世界大战中日本的失败也是必然的。第一次世界大战以后,经历战败的德国正处在这样一个时期:一切稳定的社会秩序都面临土崩瓦解,一切由来已

---

① 宫崎犀一. 近代国际经济要览. 北京:中国财政经济出版社,1990:22.

久的客观信念都丧失殆尽，通常被视为牢不可破的价值观被当作可疑的破烂，所有的生活意义都被相对化了。一般民众也开始怀疑相对主义的确定性，而渴望一个最终的、绝对没有条件的支撑点。当现实生活四分五裂、不存在普遍有效的客观世界秩序的时候，人们只能反观自身，在思想中寻求生命的意义。由于德国完全退出世界市场，英法两国拼命为它们的军队生产，世界各国货船也在战时被征用，这样，西欧作为"世界工场"的地位遭受了破坏。19世纪的经济基础不知不觉地丧失了，欧洲霸权的时代已经没落。日本人的胜利和俄国人的失败可以从第一次世界大战、俄国革命和亚洲的反抗这三个重大的发展步骤中看出来。这三个发展步骤结束了欧洲的世界优势地位，也结束了欧洲文明的进步和扩展是不可避免的那种信条。或者至少可以说，它们使这两方面有了剧烈的改变，从而使得20世纪的这个世界再也不同于19世纪的那个世界了。第一次世界大战给予古老的君主制度和贵族封建制度以最后的打击。在土耳其、俄国、奥匈帝国、德意志帝国和各个单一的德意志国家，帝王宝座倒塌了。朝廷臣子以及所有社会上的头面人物与拥有特殊利益的旧的土地贵族，全都随着国王的垮台而消失了。这次大战的确是民主制度的一次胜利，尽管是辛酸的胜利。它把如法国革命和美国革命那样时间长久、影响深远的过程更向前推进了。但对现代文明的基本问题，如工业主义和民族主义、经济保障和国际稳定等，这次大战并没有做出任何回答。而且，它使欧洲主要国家的实力被严重削弱了，它们面对的则是经济力量日益兴盛的美国、建立起革命政府的苏联，以及反殖民运动蓬勃开展的非洲和亚洲。

从1939年到1945年在全世界激烈进行的战争是人类历史上最具破坏性的战争，它也是波及最广泛的全球战争。第二次世界大战影响到各个大陆国家，造成了六千万人（其中至少三分之二是平民）死亡，在城市、工厂和乡村都造成巨大的物质破坏，既产生了大规模杀伤性新式军事武器，又产生了种族灭绝的大屠杀的新方式，决定性地促生了两个超级大国——美国和苏联的新的全球势力。历史学家对于战争的社会后果和政治后果往往意见不一，但是第二次世界大战无疑有一个明确的后果，构成了现代世界历史的一些事件。第二次世界大战那萦回脑际的复杂的遗产仍然影响着

21世纪各地人民的现代文化[①]。受战争的影响,欧洲和北美的一批哲学家新秀发展出一个名为"存在主义"的松散的思想共同体。第二次现代化大浪潮见证了人类经济社会的飞速发展,也经历了帝国主义的疯狂扩张,最后在两次世界大战中显现出了理性的局限。

四、第三次现代化大浪潮和文化扩张

在第三次现代化大浪潮中,经历了两次世界大战的洗礼和后发现代化国家的日益觉醒,先发现代化国家再也不敢轻言武力,赤裸裸地进行经济扩张了。这一时期,西方国家在资本逻辑主导下的扩张,以文化扩张的形式呈现出来。这里的文化扩张是指西方国家依靠其现代科技、经济和军事优势,向他国推行其生活方式、政治模式和价值观念,试图在西方文化的全球性推广中建构其文化主导权。依靠软实力的文化领导、注重话语权和议题设置权是其重要的扩张内容。当然这种对于西方价值观和文化观念的宣传、渗透和普及,背后掩盖着西方国家的经济利益和政治利益诉求。

20世纪下半叶以来,在第三次工业革命推动下的第三次现代化大浪潮中,西方国家继续领跑现代化进程,有些发达国家已经开始显露出高度现代化的特征,一些超越现代化的经济政治和文化现象也开始出现。值得注意的是,后发展国家开始了奋起直追现代化的进程。还需要指出的是,当代(二战以来尤其是冷战结束以来)西方学者去研究琐碎的问题,去细致精密地分析,是因为在大的方向和大的经济社会运行体制上,已经基本达成共识并找到较为一致的道路。基于这样,西方学者反对宏大叙事,反对大、广而且深的形而上学,去搞一些与现实生活零距离的、解构一切宏大结构的后现代主义。这里也要注意,不同的国家的国情不同,所处的发展阶段也不同,在现代化的进程中不能一味模仿西方。在思想文化发展方面,发展中国家由于发展阶段和任务目标不同,大多社会整体上仍处于转型期,大的问题尚未充分解决,所以尤其不能简单模仿西方学者的研究方式。

---

① 帕尔默,科尔顿,克莱默. 现代世界史. 北京:世界图书出版公司,2009:601,695.

二战以后，在相对繁荣的 20 世纪 60 年代，欧洲经济的发展还不理想，并不是在所有领域都保持了增长势头。但是到了 70 年代，全世界都进入一个工业主义的新阶段，即所谓第三次工业革命，其标志是自动化、电子计算机和其他形式的先进技术的引入。这一时期的进步不再以煤钢或者轮船和纺织品来加以衡量，而是体现为核反应堆、微电子、电信、计算机、机器人和空间技术。在第三次工业革命推动的第三次现代化大浪潮中，数据处理、信息的存储和检索，以及越来越复杂的通信技术成为竞争力的关键。1977 年，第一台个人电脑被生产出来，它面向着一个巨大的市场，在速度和容量上迅速提高。服务业部门比老的基础工业部门雇用了更多的人员，服务业的增长速度既高于农业也高于工业。人们普遍认识到，全球经济正在侵蚀民族国家在经济和政治上的独立性。工业化世界的跨国公司利用新的技术扩展对外投资，将工厂直接设在了世界各地，其触角越过了任何国界。二战后美国在以资金和技术援助发展中国家中起了带头作用，其他工业国，当它们从第二次世界大战中恢复后，也承诺增加其国民生产总值（GNP）的份额用作发展援助。国际机构提供额外的资金和技术。战后数十年，国际机构提供资金帮助农业、工业、医疗卫生和教育项目。在农业领域，美国的农业科学家首创"绿色革命"，包括使用化肥、新的高产杂交种、现代的种植和收割技术，提高了农业劳动生产率。许多发展中国家经历了重大的进步，实现了年增长率为 5%～6% 的目标，人均收入增加，婴儿死亡率下降。依靠现代科学、技术和资金援助，人们确信发展中国家可以期待现代化、经济增长和社会进步。工业化使人确信可以结束或减少对进口的过度依赖。在政治方面，良性的改革也在不断推进。然而在不少国家选举中出现逆流，直到 21 世纪初，倡导在保守主义和福利国家社会主义之间走"中间"或者"第三条"道路的政治领袖们仍然坚持推行温和的改革方案。他们在坚持政府积极参与解决社会和经济问题的同时，要求缩小公共支出，主张平衡预算，减少管制，给企业一个有利的机会条件。

把自己的发展方式包裹上文明的外衣以文化的方式在全球进行宣传，并大力推广，是文化扩张的重要表现形式。冷战结束之后，资本主义与社会主义的对抗结束了，但资本主义文明与社会主义文明的互相借鉴互相学习依然保持着。无论是资本主义滋长社会主义因素，还是社会主义借鉴资本主义的经济文明和政治文明成果，都得到了越来越多人的宽容和认可。资本主义生产方式是不断发展的，资本的结构也在不断地发生变换。美国人极力推广服务于其资本结构变化和资本力量的文化理念。曾任美国国家安全事务顾问的布热津斯基在《大失控与大混乱》一书中曾表达过这样的意思，即削弱民族国家主权，增强美国文化作为世界各国"榜样"的文化和意识形态力量，是美国维持其霸权地位所必须实施的战略。透过美国建国以来的扩张现象，可以看到其背后的主要理念就是上帝的选民观念和使命意识，而传播和输出所谓的民主和自由的文化理念则是其现代扩张的主要内容。

第三章
资本主导下的经济困境

追求无限的价值增殖是资本的本质属性，它驱动着资本主义在数百年的发展进程中不断变换自身的运动形态，推动社会制度变迁，并将全球大多数国家纳入资本构建的世界体系。资本主导下的市场竞争力量推动了生产力的巨大变革，创造出前所未有的财富积累；资本所到之处，不仅改变了当地的物理景观，也冲击了传统的社会秩序，人对人的依赖演变为人对物的依赖，商品、货币成为连接人与人之间关系的纽带；资本的扩张不仅塑造着社会心理和价值观念，而且构筑起服务于资本循环往复、自我增殖的政治经济体制。

当代资本主义历经变迁展现出许多新的特征，但是其固有的资本与劳动、生产与实现、积累与分配、资本主义私有制与社会化大生产等诸多矛盾并未发生根本性改变，资本主义也因此时常陷入困境与危机。经济的金融化、产业的空心化正在削弱剩余价值生产的物质基础；中产阶级的边缘化、社会结构的两极分化，使有支付能力的消费需求难以大幅提振，破坏了剩余价值实现的社会条件；资本在增殖运动过程中，不断将自身成本外部化，形成一系列难以治愈的社会公害；在全球化条件下，各种矛盾的积累使经济危机的破坏力越来越大，并呈现出全球扩散之势。西方一些有识之士敏锐地指出，资本主义面临的众多困境，不应被看作一个个孤立的事件，而应被看作导致社会秩序和生活方式衰落的系统性危机。面对重重困境，资本主义仍然在艰难调整，试图通过自我调整摆脱系统性危机，但资本主导的内在逻辑和资本主义的基本矛盾决定了这种调整会遭遇制度性制约，最终陷入一种进退两难的尴尬困局。

一、当代资本主义面临的经济困境

2008年发生的国际金融危机使西方资本主义长期积累的矛盾集中爆发并波及全球经济。在危机后的十年间,全球经济复苏曲折,而且还滋生出一系列错综复杂的问题和矛盾。2016年以来,随着英国"脱欧"、特朗普当选、欧洲右翼政治力量崛起等一系列"黑天鹅"事件的发生,资本主义的系统性困境进一步向纵深发展,全球经济运行中的风险和不确定性再度加大。

(一) 经济金融化

在当今世界,经济金融化已经成为多数发达国家经济结构变化的一个显著特征。资本主义的金融化拥有多张"面孔":从产业结构看,金融化表现为经济活动的重心从产业部门转向金融部门,金融部门在国民经济中占有的比重不断提高;从资本积累模式看,金融化意味着非金融企业的利润主要源于金融渠道(利息、股息、红利等),而不是产生于商品生产和贸易;从资本的形态和运动看,金融化表现为以股票、有价证券、房地产、金融衍生品为核心的虚拟资本在不停的市场交易过程中迅速膨胀,通过持续性资产价格通胀,把源自产业资本创造的利润源源不断地转移到金融机构和金融资产所有者手中[1]。

首先,自20世纪70年代起,资本主义国家的金融化不断加速,金融市场的交易日益频繁,利润不断增长。全球日均外汇交易量从1973年的150亿美元,上涨到1995年的12 600亿美元。同期,全球商品和服务贸易额占外贸总额的比重从15%降至不到2%,这表明货币交易的扩张主要来自金融交易,而不是购买实际商品和服务。在1960—1980年,美国金融资产价值为GDP的1.5倍,这一比例在2003年已超过3倍;金融企业的利润与所有企业利润相比,在60年代为13.9%,90年代增至25.3%,在

---

[1] 刘元琪. 资本主义经济金融化与国际金融危机. 北京:经济科学出版社,2009:126-128.

2000—2006 年间进一步上升至 36.8%[1]。

资本为何会抛弃产业部门而倾心于金融部门？这自然源于资本的逐利本性，即"资本害怕没有利润或利润太少，就像自然界害怕真空一样"[2]。伴随二战后经济增长黄金期的结束，主要发达国家陷入经济停滞和通货膨胀并存的"滞胀"状态，制造业生产过剩，资本利润率下降，资本严重贬值，进而出现资本积累过剩的局面。为摆脱利润率下降的危机，提高资本增殖能力，发达国家大力推进金融化，促使过剩资本从利润率较低的生产部门进入利润率较高的金融部门。为确保货币资本的保值增殖，资本所有者也不断增加对金融产品的需求，进而诱导金融机构推出期货、期权、衍生产品、对冲基金等新的金融产品，导致金融投机甚嚣尘上。由此可见，资本的逐利性是促进资本主义经济金融化的根本动因。

其次，自20世纪80年代以来发达国家发起的金融自由化改革对经济金融化发挥了推波助澜的作用。金融自由化包括了一系列旨在放松政府对金融部门监管和限制的改革措施，主要涉及利率自由化、汇率自由化、银行混业经营、业务范围自由化、金融机构准入自由等。在美国，金融自由化的一个重大举措始于1996年。当时花旗银行准备与旅行者保险公司合并，但这一合并违反了30年代通过的《格拉斯-斯蒂格尔法案》，该法案禁止银行从事投资和保险等其他金融业务。曾长期供职于高盛并担任克林顿政府财政部部长的鲁宾为废除对银行的管制四处游说，最终《金融服务现代化法案》在1999年以两党绝对多数通过，替代了《格拉斯-斯蒂格尔法案》。《格拉斯-斯蒂格尔法案》被废除后，商业银行与资本市场之间的"防火墙"被彻底拆除，套在金融资本身上的"枷锁"被完全冲破，随之而来的是"混业经营"模式下更加活跃的"金融创新"、更大规模的资本流动以及更快膨胀的资产泡沫。

再次，资本主义的金融化因新自由主义主导下的再分配政策而得以强化。新自由主义奉行"劫贫济富"式的税收政策，尽可能大幅度降低高收入者和大企业的所得税率，而相对增大对工资的征税力度，从而将社会支

---

[1] 科茨. 金融化与新自由主义. 国外理论动态，2011 (11).
[2] 马克思，恩格斯. 马克思恩格斯全集：第23卷. 北京：人民出版社，1972：829.

出的主要负担由资本转向劳动。以美国为例，经过 20 世纪 80 年代以来的若干次税制改革，长期（超过 1 年）资本利得税的税率降低至 15%，而劳动所得税却高达 30%～39%[1]。由于富人的大部分收入来自理财活动的资本收益，而非来自商品和劳务的生产，因此这种偏向资本而压制劳动的畸形税收政策实际上鼓励人们积极投身于金融市场的投机活动以赚取资本增殖收益，而不是将更多劳动投入真正创造财富的生产部门。

最后，全球化和信息化进一步为金融资本的扩张创造了条件。资本的本性决定了其不仅要在国内实现增殖，还要在全球范围内实现更多更快的增殖。尤其是随着全球化发展，资本跨国流动更加便利，跨国公司成为金融全球化的有力推手。跨国公司在国际资本市场上直接参与金融交易活动，频繁操纵股票、债券、外汇、期货以及形形色色的金融衍生品谋利。这些公司其相当一部分利润来源于金融活动而非生产活动，从而使资本增殖方式发生了变化[2]。此外，信息技术的发展，促使发达国家通过密集的金融创新，不断创造出新的金融衍生品，这些金融创新使金融资产的虚拟性日益加深，虚拟经济与实体经济之间的分离程度日益扩大。

尽管金融资本介入社会再生产过程在一定程度上便利了产业部门的融资，提高了资本运行效率，但金融化的过度发展也使资本主义自身面临的矛盾不断加深。首先，金融资本加大对普通劳动者的金融剥夺，加剧了劳动与资本之间的矛盾。在实体经济日益萎缩的条件下，金融机构主要依靠消费信贷和家庭投资理财的扩张来获取超额利润。消费信贷使工薪阶层能够维持过度消费，甚至可以投资于房地产。但从长期看，普通家庭的债务水平将不断增长，财富从劳动向资本大量转移，居民收入频繁透支，从而引发债务危机，最终进一步转化为金融危机、经济危机[3]。其次，金融化促使经济过度虚拟化，加剧资本主义经济的周期性动荡。随着虚拟经济的发展，金融工具和衍生品花样翻新，虚拟资本成为资本主义经济的主宰者。由于各种金融衍生品本身不具有真实价值，因而在金融市场的投机和

---

[1] 科特勒. 直面资本主义：困境与出路. 北京：机械工业出版社，2016：143.
[2] 刘元琪. 资本主义经济金融化与国际金融危机. 北京：经济科学出版社，2009：6.
[3] 张彤玉. 当代资本主义经济的新特征. 北京：经济科学出版社，2013：97.

过度炒作下极容易形成各种资产泡沫,当这些泡沫最终被刺破后,整个金融系统将陷入暴风骤雨般的动荡之中。最后,发达国家利用金融化手段对发展中国家实施金融剥夺,加剧全球经济失衡和动荡。一是鼓励发展中国家实施新自由主义改革,发达国家的大财团利用这一时机大肆廉价收购这些国家的国有银行和金融资产。二是实施债务掠夺,通过向发展中国家提供贷款,为本国商品开辟市场并使债务国对债权国形成经济依附关系。三是国际资本市场上囤积了数额巨大的"热钱",它们在金融体系脆弱的发展中国家频繁进行短期套利和投机活动,使这些国家更容易遭受金融危机侵袭[1]。

(二)产业空心化

与经济金融化相伴的是当代资本主义出现的产业空心化问题。从20世纪60年代末开始,主要发达国家的产业结构发生了明显的变化。一个显著的趋势为制造业占国民经济的比重以及雇佣劳动力的比重持续下降,而服务业在经济和就业人口中的占比持续上升,因而发达国家经历了一个"去工业化"进程。1966年,美国制造业占GDP的比重为26%,1980年降低为20%,到2014年这一比重已降至12%;制造业雇用的工人占总就业人口的比重也从1960年的27%下降到2014年的不到10%。相反,服务业的规模迅速膨胀,占GDP的比重从1980年的56%上升至2014年的65%。在服务业中,金融部门的扩张更加明显,到2014年金融和房地产行业占GDP的比重达到20%。

发达国家的去工业化在一定程度上反映出经济发展的客观规律。一是伴随生产力的发展,先进的技术设备不断替代人工劳动,劳动生产率持续提升,因而可以将一部分"剩余劳动力"转移到服务业部门;二是经济发展与收入水平的提高,使得人的需求结构更为多样化,人们对服务的需求快速增长,也促使服务业比重不断上升。然而,天下没有免费的午餐,发达国家在享受工业进步和产业结构变迁带来"红利"的同时,也孕育出自身的困境与危机。

---

[1] 刘元琪.资本主义经济金融化与国际金融危机.北京:经济科学出版社,2009:8-9.

首先，发达国家的去工业化导致实体经济不断衰落。与战后资本主义经济增长的黄金期相比，1970年以后，美、英、日、德、法等主要发达国家的制造业利润率不断下降。与之相反，从20世纪70年代末开始，金融部门来自利息、股息和资本利得的收入持续攀升。一方面是金融部门的持续繁荣；另一方面则是实体经济的日趋衰落，经济金融化与产业空心化并行而至。由于金融资本、虚拟资本并不直接创造价值，其所获得的高额利润来源于产业资本雇佣劳动力创造的剩余价值，因此，产业资本的衰落必然导致产业利润不断缩减，最终使得金融资本的高额利润难以为继，虚拟资本的价格泡沫也终将破灭。

其次，产业空心化导致发达国家失业率增加，中低收入群体的收入水平下降，收入分配差距不断扩大。随着战后发达国家劳动力成本及其他要素成本的上涨，发达国家出现了制造业大规模向海外转移的趋势，试图利用发展中国家廉价的劳动力和生产要素，提高传统制造业的竞争力和利润水平。然而，制造业的海外转移在为资本带来高额利润的同时，也导致国内制造业就业岗位不断流失，失业人口大幅增加。尽管新兴的服务业部门可以吸纳一部分由制造业转移出来的劳动力，但是由于发达国家社会分工和专业化程度很高，原来的制造业工人并非都能适应新兴的服务业需求，因而服务业对于弥补制造业岗位流失的作用有限；而且服务业的平均工资水平和福利待遇都低于制造业，尤其是过去一些在制造业就业的高技能技术工人、白领管理者现在不得不在餐馆、超市、酒店从事一些低技能的服务业工作，收入水平明显下降，结果导致中低收入群体的收入水平进一步降低，中产阶级被日益掏空，社会贫富分化状况更为严重。

再次，产业空心化导致社会的整体劳动生产率降低，经济增长动力不足。发达国家的制造业原本是产业资本的核心构成部分，是实体经济发展的根基，也是技术水平和劳动生产率最高的部门。在美国，制造业研发投入占所有产业研发投入的比重达到70%，并且为提升劳动力素质和技能提供了重要渠道，因此成为提高全要素生产率的关键因素。然而，去工业化则意味着劳动力从生产率较高的制造业转向生产率较低的服务业，这不可避免地会造成效率损失，降低整个经济的生产率水平，从而导致经济增长动力不足。因此，随着"后工业化"时代的到来，西方发达国家普遍进入一个经济持续低速增长的时期，美国的 GDP 增长率从 1973 年的 5.6% 降至 2015 年的 2.4%，英国的 GDP 增长率也从 1973 年的 6.5% 降至 2015 年的 2.3%。

最后，产业空心化加剧经济结构的失衡，成为引发金融和经济危机的一个重要诱因。制造业原本是拉动发达国家出口的一个重要引擎，曾为其创造了丰厚的外贸盈余，但随着去工业化的加快，制造业部门竞争力明显减弱，成为导致发达国家外贸逆差的一个重要因素。以美国为例，到 2008 年，货物贸易逆差已高达 6 400 亿美元。巨额的贸易逆差不仅使外需对美国经济增长的拉动作用为负，而且意味着美国正在依靠一种过度消费的模式支撑其经济增长（大量来自全世界的物美价廉的进口商品支撑了美国庞大的消费需求），其消费占 GDP 的比重高达 70%，而投资占 GDP 的比重不足 15%。在制造业衰落、居民收入水平降低、政府财政收入减少的条件下，为了维持庞大的消费需求只能采取两种方式：一是依靠金融部门扩大消费信贷，刺激居民的消费能力（从普通的消费信贷到住房抵押贷款）；二是依靠政府财政赤字或发行巨额公债来支撑庞大的公共开支，而这两种方式的长期使用都会增加私人部门和公共部门的债务风险，从而为金融危机和经济危机的发生埋下隐患。

（三）资本运动成本的外部化

西方经济学认为，只要存在一个完全竞争的市场，资本的自由流动和配置可以实现生产者利润最大化和消费者效用最大化，从而使所有人的福利水平得到提高，这被视为资源配置的最优状态。但是，要达到理论上如此完美的状态，需要资本主义经济满足许多严格的条件。其中之一就是，只有在资本所有者充分考虑到其生产经营行为产生的全部成本的条件下，他才能把自己的产出控制在一个最佳的水平上，既实现自身的利益，也不会损害其他人的利益。但在现实中，资本很难将它在运动过程中产生的所有成本内部化，于是就会将一部分成本有意外部化，施加给社会来承担，这时就会导致资本生产的一些"有害物品"供给过度，给整个社会带来危害。

在当今世界，资本运动成本外部化最突出的一个表现就是关乎人类命运的环境污染和资源消耗问题。在资本主义发展进程中,环境污染和资源消耗的案例比比皆是。英国20世纪50年代曾发生过伦敦"毒烟雾"事件,夺走4 000多人的生命。美国在20世纪50年代初期发生过光化学烟雾事件,危及很多人的健康。德国的莱茵河也曾出现过污水横流、垃圾遍地的场景。这些都是工业化时代产业资本增殖运动、不断扩张给人类生存带来的严重危害。在当代,世界面临的一个更严峻的挑战就是碳排放过度造成的全球气候变暖问题。2014年,联合国政府间气候变化专门委员会发出警告:"如果不能成功地减少碳排放量,可能会对社会产生威胁,比如食品短缺、难民危机、足以淹没大城市和整个岛屿国家的洪水、动植物灭绝,而且气候会剧烈变化,以致在一年中最热的时候,在户外工作或玩耍可能变得非常危险。"①

日趋严重的环境和生态恶化问题,逐渐引起西方社会的警觉。1962年,卡逊在《寂静的春天》一书中指出,杀虫剂和其他化学品造成的污染会使鸟类等生物大量死亡,使人类只能迎来"寂静的春天"。1972年出版的《增长的极限》警示人们,如不合理利用资源,世界人口和消费的快速增长,会使不可再生的能源濒临枯竭。20世纪80年代初,美国"环境正义运动"兴起,在全世界掀起了一股环境保护主义的社会思潮。在社会压力的促进下,发达国家的政府开始关注环境问题,采取更加严格的监管措施。尽管如此,著名的西方马克思主义经济学家、生态学家福斯特敏锐地指出,从本质上讲,资本主义无法挽救环境和生态危机,而且其本身就是造成生态危机的根源,资本主义生产的目的本身就具有反生态性。

首先,资本的逐利性与生态资源有限性之间存在着矛盾。资本的本性是无限追求自身的增殖,但地球上的资源存量和生态容量有限,资本在滚雪球般地不断增殖过程中必然会耗尽有限的自然资源。资本与生态的矛盾是资本无限扩张的必然结果。此外,资本家在投资时只关注短期获得高额利润,而忽视投资给生态环境造成的长期危害。一旦环境遭到破坏,要进行生态修复则需要几十年甚至上百年时间。因此,福斯特指出:"资本主

---

① 科特勒. 直面资本主义:困境与出路. 北京:机械工业出版社,2016:94.

义投资商在投资决策中的短期行为的瘤疾,成为影响整体环境的致命因素。"①

其次,资本主义的技术创新无法克服生态危机,反而会造成更大问题。虽然一些资本主义国家试图通过科技进步缓解生态环境恶化,但其真实意图是利用环境的改善来增加自身的财富,而且技术的不合理使用反而会加速生态环境恶化。例如,美国在新能源开发领域掀起了一场"页岩气革命",但用于开采页岩气的"水力压裂法"却带来了新的环境问题。这种方法将加入添加剂的大量水压入地层以抽取石油和天然气,污水与煤炭开采排放的废物共同作用,导致水中盐分浓度上升,金藻爆发,结果将杀死所有水生生物②。

再次,资本主义依靠向发展中国家转移污染来缓解自身的生态危机。尽管身处后工业社会的发达国家现在拥有良好的自然环境,但发达资本主义国家享受"生态红利"的一个重要原因是将高耗能、高污染的产业向发展中国家转移,不仅攫取它们的自然资源,而且将污染留下,这实质上是一种"生态侵略"。

最后,资本主义主导的全球治理机制无法解决全球环境和生态问题。发达国家往往出于自身利益而采取机会主义行为,使解决生态环境问题的国际协调机制无法有效实施。例如,受美国等国家的阻碍,旨在削减二氧化碳排放的《京都议定书》的签署被拖延了8年的时间。经历了不计其数的曲折和反复后,在2015年12月召开的巴黎气候大会上,全球195个缔约方终于通过了具有历史意义的全球气候变化新协议,各方同意加强应对全球气候变化的威胁,将全球平均气温升幅与前工业化时期相比控制在2℃以内。但是,美国超级富豪总统特朗普却断然宣布退出《巴黎协定》,这使得遏制全球气候变暖的国际努力最终能否得到有效实施,变得前途未卜。

正是基于资本主义本质的反生态性,福斯特指出,资本主义不但造成

---

① 林艺霏. 福斯特生态危机理论研究. 长春:吉林大学,2016:16.
② 罗伯茨. 自由放任资本主义的失败:写给全世界的新经济学. 北京:三联书店,2014:29.

劳动的异化,也造成了自然的异化。不能指望"绿色资本主义"来拯救全球的生态危机,解决问题的根本方法就是变革资本主义生产方式,走生态社会主义道路,也就是通过阶级力量与环保运动的结合,推动环境革命和社会革命,进而实现生态公正与社会公正的有机统一,即"没有一种真正的生态革命不是社会主义的,没有一种社会主义革命不是生态的"[①]。

(四) 经济危机的全球化

马克思曾经深刻指出,资本主义的"世界市场危机必须看做是资产阶级经济一切矛盾的现实的综合和暴力方式的平衡"[②]。自19世纪初,资本主义爆发第一次典型的经济危机以来,危机便与资本主义如影随形。

首先,从本质上讲,经济危机是由资本主义经济制度引发的周期性生产过剩的危机。尤其是资本增殖和积累导致社会贫富两极分化,使普通民众有支付能力的消费需求不足,进而导致剩余价值难以实现,使社会再生产发生中断,引发严重的经济衰退和大量失业。二战结束后,经济危机的表现形式发生了变化。伴随经济全球化、信息技术革命以及金融资本、虚拟资本的高度发展,危机往往起源于虚拟经济领域高度投机引发的资产泡沫破裂,随后导致各种金融资产价格暴跌、大量金融机构破产、银行信贷萎缩,进而传导至实体经济部门,导致严重的经济衰退。也就是说金融危机引爆经济危机成为当代资本主义危机的一种典型形式。而且,随着时间的推移,资本主义金融危机爆发的频率越来越高,影响程度也越来越深。据国际货币基金组织的数据显示,1970—2007年,世界116个国家共发生了218次通货危机、147次银行危机、66次主权债务危机。特别是2008年由美国次贷危机引发的全球金融危机,其波及范围之广、影响程度之深远,前所未有。

其次,从资本运动的空间特征看,危机波及的范围呈全球扩散之势。20世纪30年代的"大萧条"主要限于美、英、德、法等西方发达资本主

---

① 金瑶梅,孟祥周. 生态、资本与社会主义:福斯特的生态社会主义评析. 广西大学学报(哲学社会科学版),2016(4):18-22.
② 马克思,恩格斯. 马克思恩格斯全集:第34卷. 北京:人民出版社,2008:578.

义国家，苏联不仅未受冲击，反而处于经济快速增长时期。20世纪80—90年代发生的拉美债务危机、亚洲金融危机以及俄罗斯金融危机等，也呈现出明显的区域性特征。但2008年的危机波及的范围却大大超过以往。不仅处于危机中心的美国经济遭受沉重打击，而且危机的冲击波还覆盖到日本、欧盟等发达国家和地区，并最终扩散至亚、非、拉等发展中经济体，从而成为真正意义上的一场全球危机。特别是20世纪80年代以来，经济全球化加速，各种生产要素在全球范围内大规模流动，各国市场开放程度不断提高，这在提高资源配置效率的同时，也加大了经济风险在全球扩散的可能性。一是危机通过全球金融信用链条从危机发源地传导至其他国家，导致这些国家的金融体系动荡；二是危机影响商品和服务生产及外部需求，从而冲击各国实体经济；三是一些发达资本主义国家还利用自身的力量以及在世界金融体系中的主导地位，将危机带来的损失转嫁至其他国家，加剧危机的扩散。

再次，从对生产力和经济增长的破坏程度看，危机的冲击力与破坏力异常巨大。先是房地产行业遭受重创，价格暴跌。仅2008年，美国全年房地产市值损失量超过2万亿美元，有大约1170万美国居民处于资不抵债状态，数百万人失去自己的住房。在危机中，大量金融机构倒闭。仅2009年一年，美国共有140家中小存款类金融机构破产，成为20世纪80年代中小银行倒闭潮以来数量最多的一年。此外，全球金融资产急剧缩水。亚洲开发银行估计，危机期间，全球金融资产价值损失超过50万亿美元，仅亚洲发展中国家就达9.6万亿美元[①]。

当金融危机深度扩散之时，全球实体经济也遭受沉重打击。2009年，全球经济遭遇到二战后的首次负增长，全球实际GDP下降0.5个百分点，其中欧美等发达经济体下降3.4个百分点，新兴经济体的经济增速也大大放缓。危机对全球经济的冲击进一步影响到就业和民生。根据国际劳工组织提供的数据，在危机全面扩散的2009年底，全球失业人口高达2.3亿，比2008年增加5000万人。美国和欧元区国家的失业率在2009年分别高达9.3%和9.4%。在危机后的十年间，全球经济复苏曲折，近十年间全球

---

① 沈耕. 金融危机的时代特征. 当代世界，2009(10): 50-52.

经济平均增长率只有约3.5%,低于危机前5年1.6个百分点,并且经济发展进程中仍隐藏着许多风险和不确定性。

最后,当代的经济危机会进一步变异引发一系列次生性危机。在经济领域,全球金融危机诱发了欧洲主权债务危机。在金融危机的冲击下,原本脆弱的欧洲经济进一步下滑。受欧元区统一货币政策的制约,各成员国无法灵活调节利率和汇率,只能采取扩张性财政政策来推动经济走出困境,结果导致希腊、爱尔兰、西班牙等国家财政赤字不断扩大,超过欧盟规定的财政赤字不超过 GDP 的 3%以及主权债务总额不超过 60%的上限,以至于投资者对欧洲市场的信心严重动摇,进而引发主权债务危机。

全球金融危机还引发了一连串严重的社会政治危机。在金融危机期间,不少国家出现企业倒闭、大量裁员引发的严重失业问题。当失业使相当一部分民众失去收入来源、陷入贫困境地之时,长期累积的社会矛盾就会一触即发。同时,全球金融危机也是一场严重的信心危机。在危机阴影的笼罩下,社会成员不仅对经济发展前景极度悲观,而且对政府的信任发生动摇,进而通过极端方式发泄对政府的不满,引发社会动荡。此外,某些西方大国为了转移国内民众视线、缓解经济危机在国内产生的政治压力,还介入和插手其他国家和地区的事务,趁乱获利,从而引发更加严重的全球社会动荡。中东、北非等地爆发的"颜色革命"、政治社会乱局、难民问题则是其中的典型例证。因此,英国前首相布朗坦陈:全球金融危机原本是市场危机,但却变成了政府危机。经济增长乏力、严重的财政赤字和居高不下的失业率等遗留问题正在转化为民众对政府的不满以及社会秩序的断裂。

二、资本主义自我调整的困境

德国著名社会学家施特雷克最近发出警告:资本主义正处于第二次世界大战以来最险峻的关头。资本主义面临的危机如此严重,乃至人们不应把它看成一个简单的经济事件,而是社会秩序和生活方式的衰落。面对重重矛盾,资本主义仍然在艰难调整,试图通过自我调整摆脱系统性的困境，但资本主导的逻辑和资本主义的内在矛盾决定了这种调整会遭遇制度性制约，最终陷入一种进退两难的制度困局。

（一）再工业化的困境

经历了国际金融危机的冲击后，西方主要发达国家终于认识到以制造业为主体的实体经济对于支撑资本主义经济持续增长具有不可替代的作用，因此纷纷开始实施"再工业化"战略。2009年11月，奥巴马政府提出，美国经济要从过去依靠金融信贷的高消费模式，转向制造业和出口推动的模式，要重新平衡制造业和服务业的发展。他还强调，只有将最新的科学技术转化为生产能力，才能保持美国在全世界的领导地位。众议院随后推出170亿美元的"美国制造"一揽子计划，以促进美国制造业的复兴。2010年8月，奥巴马签署《制造业促进法案》，美国的"再工业化"战略正式启动。英国政府于2011年发布了《强劲、可持续和平衡增长之路》的报告，提出将高端制造业等六大产业作为支撑后危机时代英国经济持续增长的先导型产业。作为全球工业强国的德国，虽然在金融危机中受到的冲击较小，也利用后危机时代全球经济结构调整的契机，推出了"工业4.0"计划，旨在利用信息技术与网络空间系统相结合的手段，推动制造业向智能化方向转型。发达国家的再工业化主要有两方面的目标：一是改造提升传统制造业，促进海外制造业回流，以增加就业岗位，缓和社会收入分配差距，重塑资本在国内增殖的社会基础；二是利用第三次科技和产业革命的机遇大力发展战略性新兴产业，再度占据全球产业分工体系的制高点，将新兴经济体挤压到全球产业链的低端，维系资本在全球范围获取高额垄断利润的霸权。尽管以美国为代表的发达国家的再工业化搞得"风生水起"，但是资本主导的内在逻辑也注定西方的再工业化道路必然困难重重。

首先，再工业化与资本在全球实现价值增殖的目标之间存在矛盾。资本为了实现增殖，需要在全球范围内布局产业链条，尤其是利用欠发达国家廉价的劳动力、资源等生产要素降低成本，提振利润率。因此从长期看，发达国家再工业化政策无法逆转全球产业转移和国际分工的历史潮流，低端传统产业甚至某些高端产业仍然会转移到生产成本更为低廉的地区，这是产业资本逐利性的必然结果。以美国为例，尽管奥巴马政府极力推行"再工业化"战略,但制造业外流的趋势并没有因此而减缓。制造业对外投资在整体对外直接投资中的比重不降反升。不仅如此,后危机时代,美国制造业的增长依然乏力。制造业占 GDP 的比重提升也十分缓慢,2009 到 2013 年,美国制造业占 GDP 的比重依然在 12% 上下波动。制造业人口占全部就业人口的比重从 2009 到 2013 年分别为 8.47%、8.29%、8.38%、8.37%、8.34%,并未恢复到金融危机前的水平[1],制造业回流对就业的贡献也不如预期明显。由此可见,资本在全球范围的逐利性很可能会对发达国家促进制造业回流的政策效果产生相当大的抵消作用。

其次,产业资本增殖的社会经济基础难以在短期再造。产业资本生产商品并实现价值增殖的前提是资本家能够在市场上购买到足够的、能力匹配的劳动力以及合适的生产资料。但是长期困扰资本主义产业资本发展的一个问题就是劳动力短缺,尤其是一些高技能的产业工人严重短缺。这种状况除了与人口老龄化趋势有关之外,也与长期去工业化导致人力资本的损耗有关。当一个产业工人长期游离于生产制造过程之后,重新恢复原有的劳动生产技能并非一日之功。再者,现代制造业的发展需要规模庞大的、便利的基础设施的支撑,但是由于长期的财政赤字、巨额的债务负担,西方国家的政府财政已经千疮百孔,政府即便有心但却无力承担大规模基础设施建设。

再次,西方国家的利益集团政治使得"再工业化"战略的实施面临重重制约。西方国家的再工业化不仅是一个经济过程,而且是一个政治过程,背后隐藏着的是不同资本利益集团的复杂博弈。在西方民主制度之下,这种复杂的利益博弈往往会对一项经济政策的走向产生重大影响,再工业化能否有效实施,也要经受西方利益集团政治的考验。毫无疑问,再工业化首先会触动两大资本集团的利益分配格局,即产业资本集团与金融资本集团。再工业化的种种政策举措明显会使产业资本集团获得更多收益,但相应地也触碰了金融资本集团的"奶酪",使它们从本已增长缓慢的"蛋糕"中分到的份额会越来越少。这种利益再分配显然会遭受到金融资本集团的有力抵制。尤其是在美国这样一个华尔街超级金融寡头占据支

---

[1] 张福军. 再工业化暴露资本主义发展新困境. 红旗文稿,2015 (6):18-21.

配地位的社会,来自金融资本集团的影响必然会增大"再工业化"战略实施的难度。

最后,再工业化会加剧发达国家与发展中国家之间的矛盾以及发达国家内部的矛盾,增加全球经济运行中的风险。随着发达国家实施再工业化,发展中国家的一些外国直接投资开始撤出,同时发达国家自身也加强了贸易保护主义倾向,这必然会对一些外资依赖程度较高的发展中国家带来严重影响,导致这些国家出现经济增长失速、失业率上升、外贸逆差扩大的局面,从而加剧发达国家与发展中国家之间的失衡与矛盾。同时,发达国家内部在发展高新技术产业、吸引制造业投资和高技能产业工人等方面的竞争也会加剧,从而增大在投资和贸易方面的摩擦和冲突,各国从本国利益出发会利用经济、贸易、法律等各种手段保护本国产业发展,在国际市场上争夺更多的资源和市场份额,这些因素都会给后危机时代原本脆弱的全球经济带来许多未知的风险。

(二) "去金融化"的困境

与再工业化相伴的是发达国家开始对本国的经济结构进行所谓的"去金融化"调整,其核心举措是通过强化金融监管,抑制金融市场的过度投机,并通过产业政策调整,将大量囤积于金融部门的过剩资本引导到实体产业部门,筑牢经济长期增长的基础。2009年6月,美国政府正式公布全面金融监管改革方案,拉开了美国20世纪30年代大萧条以来最大规模的金融改革序幕。2010年7月,《美国金融监管改革法案》由奥巴马总统签署生效。该法案的主要内容包括:建立金融稳定监管委员会,控制金融领域的系统性风险;成立消费者金融保护局,加强对金融机构以及高风险的金融衍生品的监管;赋予美联储更大监管权力,对企业高管薪酬进行必要限制,防止过高的薪酬诱导高管采取增加金融风险的短期投机行为等。该法案签署后,奥巴马踌躇满志地宣称:"美国人民将永远不会再为华尔街的错误买单。"[1]

---

[1] 王生升. 奥巴马改革对美国资本主义模式的影响. 政治经济学评论,2011 (1): 160 - 176.

号称"史上最严"金融监管法案出台的初衷是为了抑制金融市场的过度投机行为,恢复公众对美国金融体系的信心,为实体经济复苏和持续增长培育动能。但是从实际情况看,"去金融化"和再工业化的双重努力并没有使美国畸形的经济结构发生根本性改变。一方面,随着危机后经济的复苏,金融部门的投机热情再度高涨,金融行业因而成为后危机时代增长最快的经济部门。美国股市和房地产市场在危机后很快便走出低谷恢复到危机前的水平,并持续高涨。相应地,金融部门的利润率也是一路攀升,目前达到制造业的两倍多。与金融业的蓬勃增长相反,实体经济复苏缓慢,并呈现出一种生产率增长缓慢、就业增长缓慢的发展模式。制造业的利润率也只恢复到20世纪80年代平均利润率的60%左右[1]。金融业与制造业"冰火两重天"的局面表明,无论是美国的"去金融化"还是再工业化都没有真正取得预期的效果,量化宽松政策释放出的海量美元,再度被吸进金融和房地产业,而非真正创造价值的实体经济。而缺乏实体经济支撑的金融业发展,只不过在"重复着昨天的故事";金融资产的再度膨胀、虚拟资本的加速扩张又在孕育着更大的泡沫,埋藏下虚拟经济与实体经济脱离的更大隐患。

发达国家对自身发展模式进行调整的另一表现就是经济的"去债务化"。以美国为例,从20世纪80年代开始,受产业资本利润率递减的影响,美国私人投资持续低迷,家庭部门的负债消费成为拉动经济增长的重要力量,但随之而来的是私人部门债务规模的不断膨胀。与1981年相比,2007年美国非金融部门债务、家庭债务、非金融企业债务、州和地方政府债务、联邦政府债务的增幅分别高达627%、816%、537%、491%、524%,而同期GDP仅增长了350%[2]。金融危机的爆发导致美国私人部门的财富和消费规模迅速缩减,从而也形成一个强制性的去债务效应。在"大衰退"中,美国民众只好勒紧皮带、节衣缩食,改变以往过度消费的模式,通过增加储蓄来改善家庭部门的资产债务状况,因而导致储蓄率有

---

[1] 张晨,冯志轩. 再工业化,还是再金融化?——危机后美国经济复苏的实质与前景. 政治经济学评论, 2016 (6): 171-189.

[2] 王生升. 奥巴马改革对美国资本主义模式的影响. 政治经济学评论, 2011 (1): 160-176.

所上升。但在私人部门去债务化的同时，政府公共部门的债务却在加速上涨。一方面，在危机时期为了拯救大银行、大企业，防止经济进一步下滑，美国实施了高达 8 000 亿美元的大规模经济刺激方案；另一方面，国家的失业救济等社会福利支出也在危机期间大幅增长。这些支出使得美国各级政府形成大量财政赤字，只能依靠大量发行国债来平衡财政收支。然而，债务滚雪球般的累积最终一次次冲破法律规定的上限，债务违约风险不断加大，从而动摇了债务市场的信心，一度出现资金大规模外逃的现象，使后危机时代稍稍得到平复的全球经济再一次经受了不小的恐慌。比美债危机更为严重的是席卷欧盟众多国家的主权债务危机。这场规模空前的欧债危机不仅使欧洲众多国家陷入债务泥潭难以自拔，并引发持续的经济衰退，而且最终成为引发英国"脱欧"事件的"罪魁祸首"之一。

（三）收入分配改革的困境

对于如何克服资本主义日益严重的收入分配不平等，重塑中产阶级的力量，西方不少有识之士提出了自己的建议，主要包括：提高劳动者的最低工资水平，加大对穷人的税收抵免；提高对富人的所得税最高税率，增加不动产税和遗产税；关闭离岸避税天堂，防止企业和富人逃税，对公司高管薪酬进行必要限制；增加对教育和医疗投入，改善低收入家庭的福利保障；国家加大提供再就业培训的力度，支持工会与资方进行工资集体协商等。

毫无疑问，上述改革措施对于缓解资本主义的不平等都具有一定作用，但问题的关键在于政府是否真正有能力推动这些改革的实施。斯蒂格利茨敏锐地指出，导致当代资本主义收入分配差距不断加大的因素不仅包括经济市场失灵，还包括政治体制失败，即资本主义民主制度不仅无法纠正市场竞争导致的不平等，而且加剧了这种不平等。真正的民主不只是定期的投票选举，关键在于政客必须要倾听民众的意见，但在现实中，西方的政治体制似乎更倾向于"一美元一票"而非"一人一票"[1]。尤其是在一个 1%的人群"所有、所治、所享"的社会中，资本主义民主制度必然沦

---

[1] 斯蒂格利茨. 不平等的代价. 北京：机械工业出版社，2014：XIV.

为少数富人实现自身利益的工具，它的功能是如何更好地服务于资本所有者，而非大多数普通民众。因此，在这样一种放大了富人意见的政治体制中，任何公共政策的制定不仅不能保护普通公民免受富人剥削，反而会以牺牲普通公民的利益为代价使得富人更加富有。

首先，资本集团进行大量的"意识形态投资"，为当前不平等的财富分配格局提供"义理合法性"支撑。20世纪80年代兴起的新自由主义是资本利益的代言人，旨在维系资本家和上层经理阶层的"金融霸权"。新自由主义经济理论声称，少数富人之所以获得高收入，原因在于他们比普通人拥有更高的"边际生产率"，如果某人拥有更为稀缺的生产要素或者更有价值的技能，市场就会对他做出的更大贡献而给予更多的奖赏。因此，资本主义要创造奇迹，那么高度不平等就是不可避免的[1]。人为消除这种不平等会削弱市场的激励作用，造成经济的低效率。显然，新自由主义的经济理念为富人抵制任何收入分配制度改革提供了强有力的意识形态支撑。

其次，资本集团深度介入资本主义的政治过程，为自身攫取更大利益，阻碍收入分配改革政策的实施。在西方的民主政治中，没有大量竞选资金的支持，任何党派或是个人都无法在选举中获胜，而支持政党或候选人的主要政治捐款来自资本集团。在美国，2008年，金融、保险、房地产行业的个人和政治行动委员会的政治献金高达4.46亿美元，其中51%捐给民主党，49%捐给共和党，奥巴马从金融行业获得3 760万美元捐款[2]。由于政党和政客接受了资本集团的资金支持，必然在产业支持、税收减免等领域给予资本集团更多好处，从而使任何政府缩小分配不平等程度的努力都会付诸东流。此外，富人还广泛利用其在国会的说客，制定留有漏洞的税法，阻止提高最低工资，抵制医疗福利制度改革。这些行动使得任何有助于缓解收入分配差距的改革都无法有效得到推行。例如，奥巴马曾雄心勃勃地推出新医改计划，试图减轻民众的医疗支出负担，并将4 600万

---

[1] 斯蒂格利茨. 不平等的代价. 北京：机械工业出版社，2014：28.
[2] 蒯正明. 当代资本主义民主制度的现实困境与反思. 河南大学学报（社会科学版），2015(4)：33-39.

缺乏基本医保服务的美国人纳入医保体系，但实施这一计划不仅要增加对富裕阶层的征税，而且会触动保险公司和医院等利益集团的奶酪，因而遭到重重阻挠，最终被新政府冻结。而最近特朗普政府高调宣布的减税计划，也具有明显地偏袒富人的色彩，其中，取消遗产税和可替代最低税等方案有可能进一步使美国的贫富差距扩大。

最后，资本集团还利用其在政府内部的代言人俘获政府决策，向社会转嫁成本，加剧收入分配不平等的状况。在美国，富人集团、华尔街财团等诸多利益集团把收入分配差距看作市场竞争有效的结果。金融业人士掌控着财政部、白宫和美联储等关键性经济决策机构。2008年金融危机爆发时，他们把自己酿成的灾难产生的巨大成本转嫁到纳税人身上。在金融利益集团的密集游说下，美国国会的议员们竟然同意动用纳税人的数百亿美元救助大型金融机构和金融衍生品①。而华尔街的富豪们却拿着纳税人的"救命钱"给自己发放高额奖金和年终分红，并用这些救助款支付高管们豪华假期、办公室装修所需的高额费用。这一贪婪做法引发美国民众的强烈不满。

总之，在理念误导、制度弊端、利益集团的阻挠等因素的综合作用下，资本主义对收入分配改革所进行的自我调整必然举步维艰，资本主导的利益分配格局难以缓解收入分配差距的不断扩大和贫富两极分化。

（四）调节体制失灵的困境

资本主义是生产与实现的矛盾统一体。一方面，资本为了更快增殖，要拼命扩大生产规模，但是生产出的大量商品却因劳动者有支付能力的消费需求不足而难以出售，剩余价值无法顺利实现；另一方面，资本家可以提高劳动者的工资以扩大其消费能力，但是又会抬高自身的生产成本，挤压利润增长空间，影响资本的增殖能力。为了缓和这一矛盾，确保剩余价值的生产和实现，资本主义从供给和需求两个方面演化出两种不同的调节体制。

---

① 罗伯茨. 自由放任资本主义的失败：写给全世界的新经济学. 北京：三联书店, 2014：132.

一是凯恩斯主义的需求管理体制。凯恩斯主义认为，通过政府的力量改革收入分配制度、增加对社会的转移支付、建立社会福利体制等手段来增加劳动者的收入，能够提高社会的消费需求；同时，可以采取发行国债、赤字财政、扩大基础设施和公共工程建设等手段，增加政府投资，弥补私人投资的不足。二战后，西方国家普遍以凯恩斯主义为指导建立起国家需求管理体系，同时，为了缩小贫富差距、缓和社会矛盾、提高社会消费能力，欧洲国家还建立起"福利国家"制度。以凯恩斯主义和福利国家为核心的需求管理体制在扩大市场需求、熨平经济周期、促进剩余价值实现方面发挥了不小的作用，使得资本主义经历了近30年的黄金增长期，但终究未能摆脱资本主义生产与实现的矛盾。换言之，政府在提高劳动阶层收入、扩大公共投资和社会消费能力的同时，却无形中抬高了资本的生产运营成本，挤压了资本的利润增长空间，进而削弱了资本借由生产活动创造剩余价值的动力。由此导致的后果就是发达国家在20世纪70年代末普遍陷入"滞胀"困境。

为了摆脱困境，西方发达国家在20世纪80年代又形成了另一种调节机制，即由货币主义和供给学派主导的供给管理体制。这一调节机制认为，政府干预和对总需求的过度刺激是导致"滞涨"的罪魁祸首。就经济整体而言，购买力永远等于生产力，"供给自动创造需求"的萨伊定律是市场经济颠扑不破的"真理"。因此，政府不应去刺激总需求而是应当刺激总供给，其根本方法就是政府从经济中迅速撤出，依靠市场竞争的力量，提升资本、劳动等生产要素的使用效率，增加经济的供给能力。此后，供给学派、货币主义、理性预期学派合流，共同构成新自由主义的核心组成部分，并在20世纪80年代末到90年代初演化出一套完整的新自由主义结构性改革政策——"华盛顿共识"。其政策主张包括：削减财政赤字、削减社会福利开支、对企业和资本所得大规模减税、实施利率市场化、推进汇率市场化、实施贸易自由化、放松对外资的管制、对国有企业实施私有化、放松政府规制、保障私有产权。新自由主义的政策实质上是通过压低实际工资、取缔劳工组织，以及普遍剥削劳动权利等手段，为促进资本的增殖创造有利条件。这一调节机制虽然增加了剩余价值的生产，提高了资本的利润率，但代价却是再次制造出社会总需求不足的麻烦。为了在压低工资的条件下克服需求不足，使得剩余价值能够顺利实现，资本主义只能采取扩大信贷的方式，依靠负债消费来促进总需求的扩张（如住房信贷），然而这种方式的最终结果是债务的累积和投机泡沫的膨胀，随之而来的是更严重的经济社会危机。

显然，资本主义所固有的剩余价值生产与实现的矛盾，决定了无论是调节总需求还是调节总供给，都会陷入一种"按下葫芦起了瓢"的尴尬制度困境。西方著名马克思主义经济学家哈维认为，解决这对矛盾的根本途径在于使资本主义的生产目的真正服从于社会需要的使用价值，而非无限度地追求资本的价值增殖，然后再精心安排生产活动以满足这些社会需求。而这一目标的实现，恐怕要对资本主义生产方式进行彻底的变革[①]。

（五）全球化的困境

资本为了实现增殖的目标，会进行跨越时空的运动，这种运动的现代表现形式就是全球化。随着 20 世纪生产力的迅速发展、交通通信技术的巨大变革，经济资源日益跨越国界在世界范围内加速流动和配置，资本也因而在全球寻找到更多增殖空间。然而，全球化是一柄"双刃剑"，它在促进国际分工合作、提高资源配置效率、促进资本更快增殖的同时，也使全球经济的无序竞争和风险大大增加。尤其是在全球化过程中，如果主导型国家的资本利益严重受损，这些国家的资本集团就可能采取一切手段为贸易、投资、人口的跨国流动制造障碍，从而在一定程度上逆转全球化进程。后危机时代，受经济衰退、贸易赤字、收益分配不均、难民问题的袭扰，原本开启和主导全球化进程的发达国家，开始在全球化道路上退缩，不断走向经济封闭、贸易保护和孤立主义，逆全球化成为一股阻碍全球经济发展的潜在暗流。

首先，后国际金融危机时代，贸易保护主义再度盛行。贸易保护主义是指一国为了保护国内市场免受外国商品冲击，并增强本国商品的国际竞争力而采取的一系列限制进口和鼓励出口的政策措施。在资本主义史上，贸易保护主义是一个古老的现象，早在重商主义时期，欧洲国家就通过

---

① 哈维. 资本社会的 17 个矛盾. 北京：中信出版集团，2016：88.

"奖出限入"的政策，保护本国工商资本的利益。18—19世纪，美国政治家亚历山大·汉密尔顿、德国经济学家弗里德里希·李斯特相继提出"幼稚工业"保护理论，以对抗英国的自由贸易主张。该理论认为，对于美国、德国这样的后发资本主义经济体，必须通过实施保护性关税、对本国企业补贴等手段，支持弱势的民族工业发展，使其免受进口产品的冲击。在两次世界大战期间，主要资本主义国家为提升并巩固自身经济实力，争取在军事竞争中占据有利地位，纷纷采取以邻为壑的经济政策，贸易大战硝烟四起。而20世纪70年代末，西方国家陷入滞涨，全球市场竞争加剧，贸易保护主义开始抬头，贸易保护的手段不再局限于经济领域，而是向政治、环境、社会各领域延伸。后危机时代，全球经济进入转型调整期，经济复苏比较缓慢，各个国家围绕市场、资源、资金的竞争日趋激烈，各种形式的贸易保护主义再度盛行，在发达资本主义国家尤为突出。英国经济政策研究中心发布的《全球贸易预警》报告显示，美国从2008年到2016年对其他国家采取了600多项贸易保护措施，仅2015年就采取了90项，位列各国之首。美国还采取"歧视性政府采购"政策，要求政府在采购中优先购买美国货和雇用美国人；法国也在危机期间斥资60亿欧元救助汽车产业，并要求外资持有本国公司的股份不能超过50%等。此外，发达国家还频繁利用反倾销、反补贴和特殊保障措施限制贸易进口，甚至以防止全球气候变暖为借口，动用"碳关税"等新型贸易保护措施来维护自身利益。贸易保护主义的盛行，导致的一个直接后果就是全球自由贸易进程严重受挫，贸易总量呈不断下降趋势。世界银行的数据显示，全球进出口贸易额占GDP比重从2008年的约52%降至2015年的45%，降幅近7个百分点，退回到本世纪初的水平[1]。这无疑会使得许多依靠对外贸易拉动经济增长的发展中国家遭受重大损失，全球经济失衡进一步加剧。

其次，区域经济一体化进程严重受挫，全球政治经济运行的不确定性加大。伴随国际分工和全球市场的发展，某些区域国家之间会相互开放市场，促进经济相互融合，形成区域经济一体化，以便消除贸易壁垒，促进统一市场的形成，便利商品、服务、资本、人员的自由流动，降低阻碍资

---

[1] 胡鞍钢，王蔚. 推动实现"新全球化"是大势所趋. 解放日报，2017-01-03.

本增殖的交易成本。但是，由于区域内各国的经济发展水平会随着时间的推移此消彼长，加之国际政治经济运行中的不确定因素带来的冲击，区域一体化也可能走向自己的反面。在一体化程度最高的地区——欧盟，近来频频发生的一系列"脱欧"事件，则充分反映出当前资本主义世界经济体系存在的深刻内在矛盾。

二战后，为解决历史上欧洲主要国家长期存在的利益冲突和矛盾，消除战争根源，促进区域内国家联合和振兴，欧洲启动了一体化进程。从1990年代到2008年金融危机之前，经济开放融合与统一市场的形成促进了区域国家之间的合作，为欧盟经济增长增添了活力。经济的繁荣也使各国国民对欧盟的认同度不断上升，进一步促进一体化进程。但是，金融危机爆发后，欧盟成员国普遍出现经济衰退、主权债务危机以及失业率持续高涨等问题。很多成员国开始对欧盟以捆绑在一起的方式应对危机的做法表示质疑。同时，随着欧盟成员国数量的增加，各国在政治制度、经济发展水平、宗教文化以及价值观等方面的差异日益凸显，政治和经济整合的难度不断加大，各国之间的利益分歧和矛盾也在加剧。在这种情况下，英国为了避免自身相对较好的经济状况被欧盟所拖累，重新"夺回"主导资本增殖的自主权，率先开启了"脱欧"进程。这一进程不仅对欧盟自身发展带来消极影响，而且也对全球政治经济产生严重的外溢效应，加大全球对民粹主义的担忧，并给仍处于缓慢复苏状态的全球经济带来许多不确定性。

最后，资本主义在全球的扩张引发社会动荡，进一步加剧了逆全球化进程。资本要实现增殖的目标就不仅要具备劳动力、生产资料等物的要素，更重要的是形成资本主义的生产关系。资本在全球运动过程中，无论身处何地，只要缺乏使自身实现增殖的社会土壤，资本就会对其进行主动而积极地改造，强制性地创造出适合自己生长的经济关系乃至政治、法律、意识形态等上层建筑。马克思曾指出，在资本主义早期的殖民扩张中，资本主义制度到处遭遇到殖民地固有的以自己劳动为基础的私有制的障碍，为了克服这一障碍，资本家就用暴力清除以自己的劳动为基础的小私有制生产方式，最终确立起资本雇佣劳动的生产关系[1]。在当今世界的

---

[1] 马克思, 恩格斯. 马克思恩格斯全集: 第23卷. 北京: 人民出版社, 1972: 833-834.

全球化进程中，资本的扩张本性并未发生根本性改变，发达国家在全球配置资本、构筑分工和贸易体系的同时，也要把西方的政治经济制度、价值观念和意识形态强行输入到资本可以渗透的每一个角落。然而，这种强制性的制度移植，往往因外来制度与本地社会环境不适应而出现"水土不服"，结果导致严重的社会失序，这一失序在全球化条件下进一步扩大，将会引发全球的动荡。

20世纪80年代，发达国家加大在拉美国家的资本扩张，并在此过程中以对外援助为条件，要求拉美国家推行以自由化、私有化和宏观经济稳定为核心的新自由主义改革。在"华盛顿共识"席卷拉丁美洲的10多年间，拉美国家接连发生债务危机、金融危机、经济危机，20世纪90年代的平均经济增长率比20世纪80年代下降了50%，并由此引发持续不断的社会冲突、政局动荡，不少国家因此被推入"中等收入陷阱"，至今难以脱身。

东欧剧变、苏联解体后，资本主导的全球化获得在原来的资本主义"禁地"肆意扩张的权力，随之而来的是"休克疗法"在苏东地区全面推行，民主化与市场化齐头并进，但结果同样出人意料。摧枯拉朽式的激进变革和制度移植，给转轨国家带来更加深重的灾难。俄罗斯在20世纪90年代经历了长达8年的负增长，国内生产总值下降了40%，其经济损毁程度超过了苏德战争的破坏力，也大大超过"大萧条"时期欧美国家的经济衰退。最为严重的是，俄罗斯非但没有形成一个美英模式的"自由市场经济"，反而在20世纪90年代形成了一种"寡头资本主义""权贵资本主义"；俄罗斯的工业生产能力也遭到彻底摧毁，从一个强大的工业国蜕变为一个资源依赖型国家。另一个强制推行"休克疗法"的乌克兰，不仅同样形成了"寡头资本主义"经济模式，而且由于持续的政治动荡、军事冲突，至今经济尚未恢复到苏联解体前的水平。

后国际金融危机时期，西方大国再度介入中东、北非地区的社会骚乱，进而策动这一地区的政局变革，试图以西方意图重构"阿拉伯之春"后的政治版图。然而这一次，西方国家自身未能幸免，也尝到了全球社会动荡的苦果。中东、北非的政治动荡，形成了主要涌向欧洲的巨大难民潮。从2015年起，有超过100万难民抵达欧洲。持续涌入的难民成为当前困扰欧盟的头等难题，它不仅加深了欧盟各国之间的矛盾、恶化了欧洲的安全环境，而且助推了右翼民族主义势力的高涨，强化了"脱欧"的离心力，进而将欧盟推向解体的边缘。这些危机都使得逆全球化进程进一步加剧。

第四章

资本主导下的政治困境

20世纪末,当西方的政治观察家还沉醉于福山所提出的"历史终结论"时,很少有人能预料到在短短20年之后,西方资本主义国家的政治就会陷入进退维谷的境地。难民潮泛滥、国内安全的威胁、选民意志的分裂、民粹主义的抬头、寡头统治和强人政治的形成、社会福利的萎缩、社会不公的发展……,这些难题困扰着资本主义国家的政治家,资本主义社会面临着严峻的政治形势。这个由金融危机所引发的政治困境,从资本主义政治肌体的腠理蔓延至骨髓,成为一种难以治愈的顽疾。值得注意的是,资本主义政治病变的发展期正值新自由主义意识形态盛行、资本逻辑大行其道的时期。这并非一种巧合,两种现象之间具有实质性的关联。马克思主义的观点——经济基础决定上层建筑——深刻揭示了经济与政治的内在联系与互动关系。在资本主义社会,资本的利益为构建资本主义的经济、政治、社会、文化制度、意识形态提供了基本逻辑。资本主义社会的政治经济关系围绕资本逻辑展开,形成了一整套以维护和发展资本为主旨的政治制度。正因为如此,洞悉当下西方国家的政治困境,必须要透过现象抓本质,理解资本机制是如何控制、影响资本主义的政治过程,继而演化为政治危机的。

一、人民主权的虚置——选举民主远离"民意"

1944年,匈牙利经济史学家卡尔·波兰尼提出了一个现在看来依然极具启发性的观点。他认为,在工业时代到来以前,人类的经济活动是包含于社会活动的,并不具有独立性。然而,资本主义的发展打破了这一局面，它鼓励建立能从社会中脱离出来的经济体制，并试图以经济逻辑反过来控制人的社会生活。波兰尼称，若要建立一个完全自律的市场经济，必须将人与自然环境变为商品，而这将导致两者的毁灭。他认为，自律市场论者及其盟友，都不断尝试将人类社会推往自毁的深渊。波兰尼声称，必须建立一种保护社会的政治机制来防范经济逻辑的扩张[1]。然而，不幸的是，近年来资本主义社会的变化似乎正在沿着波兰尼所担心的方向发展。由于资本逻辑的扩张以及在公共领域内政治制度限制资本的能力有所下降，使得资本主义的政治进一步资本化。受到资本逻辑的控制，资本主义的政治正在丧失公共性，民众的政治参与遭到压制与漠视，国家权力也逐渐向纯粹为资本服务的工具性特征蜕化，从而呈现出一种阶级区隔的封闭性政治特征。

赫希曼呼吁我们要以一种新的方式来理解资本主义所创造的文明。他指出，资本主义的政治进步性在于创造了一种以利益来压制欲望的统治模式，在此之前的人类政治遵循的法则是以欲望来压制欲望。资本主义公然声明追求利益，并且为利益的需要创制了各种制衡欲望的制度，避免了人们盲目地成为欲望的奴仆，继而避免了受欲望驱使的专制权力与极端主义的产生[2]。赫希曼对资本主义文明的分析令人印象深刻，但是赫希曼也承认利益只不过是一种温和的欲望，它依然无法摆脱肆意横行、掌控一切的原始冲动。按照赫希曼的逻辑，利益一旦失去了制度体系的限制，就会像打开了潘多拉魔盒一样，将政治领域看作为争权夺利而漠视公共利益的角斗场。

长期以来，民主都被视为是公民通过制度化渠道追求利益的合适机制。选举是连接公民偏好与公共权力的重要机制，是体现公民民主权利的载体。民主理论家认为，民主可以确保国家的统治基于人民的同意，公共权力受到人民的监督，公共政策体现人民的偏好，但是近年来，西方自由民主的实践却在背叛这一原则。出现这种现象的一个主要原因是新自由主义的兴起纵容资本的力量渗透进入公共政治领域，改变了选举

---

[1] 波兰尼. 巨变：当代政治与经济的起源. 北京：社会科学文献出版社，2013：27.
[2] 赫希曼. 欲望与利益：资本主义走向胜利前的政治争论. 上海：上海文艺出版社，2003.

民主的基本规则，鼓励资本千方百计地寻求逃脱人民权力的控制与公共责任。资本具有强大的资源调动能力和渗透性，它通过多种方式操纵国家机器的运转。

资本之所以能够取得成功，其原因在于：一是资本利用民主规则将经济实力转化为选举优势，建立亲资本的代理人政治。民主实际上是一种政治权力的让渡性的代表制，现代国家的规模无法实现公民在政治领域的直接参与，这就使公民的意志在转化为公共权力时存在巨大的出入，资本的介入使处于不同经济地位的公民个人及其所属的利益集团在表达各自利益诉求的能力方面存在巨大的差异。相比而言，那些得到资本支持的利益诉求更容易进入政治议程，上升为国家政治的内容。而那些处于经济弱势地位的利益难以实现组织化表达，从而成为无代表的社会利益。二是资本力量利用与政治精英、知识精英的联盟，实现隐蔽地操纵、引导公民选举的目的。后工业化时代，政治选举成为一项高度复杂化、专业化的政治事务，它需要投入大量的经济资源以充分获取能够影响选举结果的信息并进行必要的信息整合与转化，并且政治选举涉及纷繁复杂的政治关系，因此它依赖于可以处理这些复杂关系的知识能力。涉及复杂公共事务的选举活动，作为个体的公民在搜集与利用信息方面无法与有组织的资本力量相抗衡。大量的证据已经表明，通过改变选举策略、重新划分选区、改变计票方式、调整政治传播策略等技术性手段，可以达到准确预知选举结果的目的。除此之外，资本从来就没有外在于资本主义社会的知识生产过程，学术与政治的紧密联系形成了资本利益的话语体系与论证逻辑，资本话语通过学术研究、公共论坛、大众媒介等政治社会化方式塑造了公民对于公共事务的理解，巧妙地转移与置换了公民的利益诉求，从而为资本赢得政治提供了基础。三是资本以威胁国家利益的方式，俘获国家，逼迫国家化解来自反资本力量的抗议。当前，资本主义的深入发展使资本利益与国家利益密不可分，这就削弱了国家权力限制资本急速扩张的动机与能力，同时，国家权力基于国际竞争的需要，也会依赖资本力量的发展。在全球化时代，资本面临民主化的压力，天然地惧怕多数人权力对产权可能造成的威胁，在这种情况下，资本往往以威胁撤出国内市场作为筹码，迫使国家建立一种保护资本而限制社会抗争的稳定制度。

显然，资本与民主之间具有复杂的关系。在资本主义发展前期，资本力量的壮大促进公民民主意识的提升和国家民主制度的建立。但是，近年来资本的疯狂渗透使资本的经济逻辑与民主的政治逻辑之间的矛盾与张力不断增强。正如恩格斯所言："贿赂代替了暴力压迫，金钱代替刀剑成了社会权力的第一杠杆。"[①] 在资本的冲击下，国家的自主性下降，国家活动的公共性减弱，这就造成了西方国家自由民主制度的萎靡不振。选举民主越来越呈现出剧目化特征，公民虽然被赋予选举权，但并不是选举舞剧中的主角，他们获得的只是充当主角的虚假印象，主宰政治舞台剧的隐形力量是资本利益。剧目化的选举民主损害了公民的投票热情以及对民选政府的信任。如图4-1所示，根据皮尤研究中心（Pew Research Center）的数据，美国人对历届联邦政府的信任度总体上呈现出连年下降的趋势（20世纪60年代基本保持在60%以上，2007年以后却从未超过30%），这无疑是对以选举为基础的西方民主制度的巨大打击。

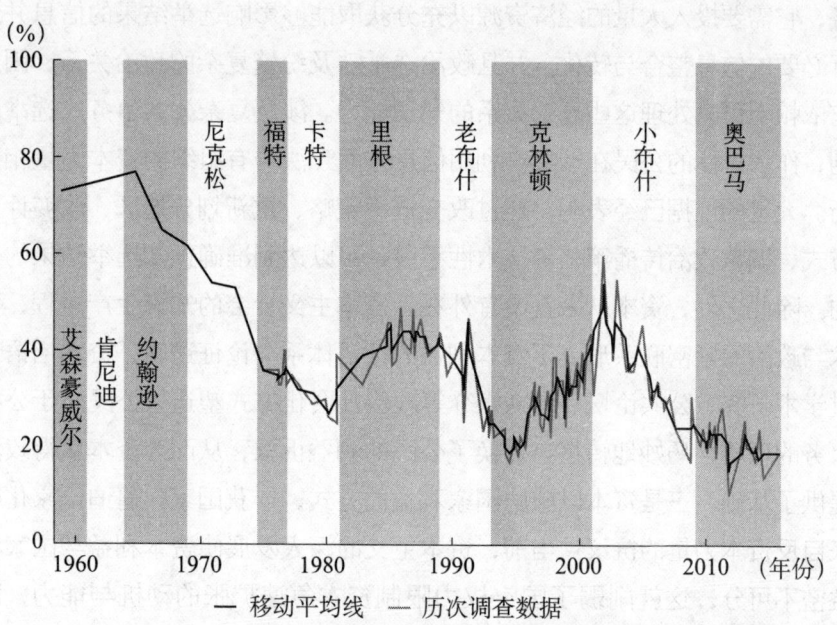

图4-1 不同时期美国人对历届联邦政府的信任度调查

[①] 马克思，恩格斯. 马克思恩格斯文集：第9卷. 北京：人民出版社，2009：273.

在美国，国会作为民主时代的民意机构，其代表性近年来同样遭受选民的质疑。根据盖洛普（Gallup）的调查数据（见图 4-2），选民对于国会的支持率一直在低位徘徊，唯一的例外就是"9·11"事件以后，在对公共安全的恐慌情绪影响下，民众不得不重拾对国会的信心。然而，在此之后，国会支持率急剧下降。在 2013 年美国"政府关门"时期，国会内各党派不顾公共利益展开争斗引起了民众的不满，国会支持率暴跌至 5%，这一数据到 2015 年缓慢回升至 11%，但依然可以看出，选民对国会代表性的深刻质疑。

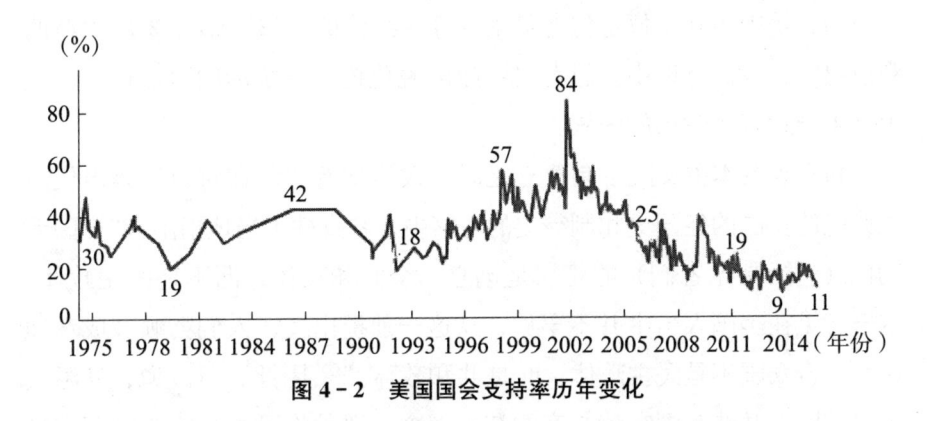

图 4-2　美国国会支持率历年变化

二、资本利益集团的统治——公共政治寡头化

一般而言，人们很难将寡头统治与民主政治联系在一起。民主声称是人民的统治，而亚里士多德认为，寡头政体被视作是贵族政体的变态政体。对于民主政体，亚里士多德担忧的是不受制约的平民权力会损害民主政体的美德。这种担忧被托克维尔继承，成为近代以来民主理论家的共同问题。他们认为，民主政治面临的主要危险来自贪恋、狂热、野心勃勃的多数人民，因为他们倾向于剥削、压迫脆弱的少数。因此，资本主义政治文明十分重视防范"多数人的暴政"，并以此进行了细致、翔实的制度设计，这构成了自由主义民主的基本特征。

需要指出的是，民主与不受约束的权力之间的敌对关系毫无疑问是确切的。但是，不受约束的权力往往来自两个方面：一方面是不受约束的多数人权力，另一方面封闭性的寡头统治的危险同样有可能在民主社会出现（现代政治学基于狭隘的民主—非民主政体二元对立的观点，认为寡头统治是非民主政体面临的通病，而有意无意地忽视了西方民主国家存在的寡头统治的风险）。米歇尔斯从组织社会学研究视角，提出了"寡头统治铁律"的著名观点，他认为，"正是组织使当选者获得了对于选民、被委托者对于委托者、代表对于被代表着的统治地位。组织处处意味着寡头统治。寡头统治是任何试图实现集体行动的组织的必然结果，是任何有着良好愿望的人们无法改变的'铁律'"，"民主之所以堕落为寡头统治，是因为其中肯定包含着某种寡头统治的内核"[1]。从米歇尔斯的观点出发，我们有理由去思考民主政治蜕化为寡头统治的可能性，并找出其中导致寡头政治的内核。

　　回归到资本主义民主制建立之时，政治学者达尔在对自诩为当代民主典范的美国的建国史和制宪史的考察中，就直截了当地指出："开国元勋们（包括制宪者们）的想法是创立一个共和政体，而不是民主政体。这一意见在美国人当中并不罕见，从这一前提出发，人们会顺理成章地认为，合众国不是民主政体，而是共和政体。"[2] 因此，可以说，从源头上看，民主并非美国宪政制度的初衷理念。那种将民主视为美国国家特质的观点是后来的事。与建设一个人民主权的国家相比，美国国父们更推崇具有贵族气质的共和政体。历史学家比尔德详细研究了1787年美国经济权力的分配情况，列举了制宪会议每个代表的财产状况和经济利益。根据他对美国财政部档案的分析发现：大多数的会议代表都是律师，他们大多来自沿海的都市，即动产集中的区域。没有一个代表可以切身代表小农或技工阶层。大多数代表，最少有六分之五，他们在费城的努力都与自身有直接的利益关系，而且都曾由于宪法的通过或多或少地获得经济利益。公债利益集团在会议里的代表，在五十四名列席代表中，其名记载于财政部文献上的，不下于四十人；从事土地投机的动产利益集

---

[1] 米歇尔斯. 寡头统治铁律：现代民主制度中的政党社会学. 天津：天津人民出版社，2003：1-2.
[2] 达尔. 美国宪法的民主批判. 北京：东方出版社，2007：4-5.

团最少有十四个代表；生息动产利益集团最少有二十四个代表；工商行业的动产利益集团最少有十一个代表；奴隶主利益集团最少有十五个代表。他们凭着个人在经济事业上的经验，深知他们想建立起来的政府是为了达成什么样的目的[①]。可以说，发起和推动美国制宪运动的是四个动产利益的集团：货币、公债券、制造业、贸易和航运业。美利坚合众国是经济利益集团合谋的结果，它代表了经济贵族构建现代国家以及政治秩序的基本思路，也就使得美国自由主义民主的先天基因必然会存在缺陷。

时至今日，寡头统治的幽灵依然困扰着资本主义社会。资本主义主流意识形态一直视不加限制的民主为洪水猛兽，而更乐于接受熊彼特概念体系中的"程序性民主"。熊彼特于1942年提出："民主政体就是一套达成政治决策的制度安排，通过这些制度安排，让个人能够以竞争人民的选票的方式获取权力。"[②] 以"程序性民主"为基础，资本主义主流社会成功构建起了一套精英主义的民主理论及其国家制度。根据精英民主的理念，人民的授权是国家公共部门建立的基本依据，人民的权力要从除此之外的其他政治领域退出来，而把这些领域交给由人民选举出来的代表——政治家。

应该说，熊彼特提出的"程序性民主"已经远离了古典希腊政治传统中以公民的广泛的、深入的政治参与为前提的民主制。但是，即便是依据"程序性民主"和精英民主的价值判断，当今资本主义社会的民主程度也令人担忧。因为，资本主义的精英民主正在向更具封闭性的、保守性的寡头统治靠近，这种统治秩序不基于人民的同意，充满了人民的无奈，也体现了资本主义制度中的民主在面临蜕变转折时的无能。

政治精英、经济精英、文化精英凭借资本提供的纽带紧密地连接在一起，控制了资本主义国家的公共部门与公共决策。一些具有强劲资本实力的经济集团在市场和国家的双重庇护下，成长为对公共政治持有强

---

① 比尔德. 美国宪法的经济观. 北京：商务印书馆，2010：113-115.
② SCHUMPETER J. Capitalism, socialism, and democracy. New York and London: Harper and Brothers, 1942: 269.

大影响力的寡头，各类精英聚拢在资本寡头周边形成稳固的、僵化的小集团。以资本能力为标准，社会成员被划分为掌握权力的少数富人与只拥有最低限度的政治权利但无法对公共政策施加影响的多数人。为此，美国学者托马斯·戴伊提出了一个发人深省的问题，即在号称民主社会的美国究竟是谁在实施真正的统治？他认为，在美国社会中能够对政治、经济、文化、国家安全、文化与意识形态、社会政策等领域的决定施加重大影响的角色是以各种集团与团体的形式呈现出来的，它们之间具有千丝万缕、纠缠不清的联系，"这 7 314 名精英人物基本上决定着美国社会的各个领域，是美国的主人"①。托马斯·戴伊持续性的研究，推进了人们对美国政治中寡头统治倾向的认识。他与其他学者的研究开宗明义地指出："统治美国的不是广大民众，而是杰出人物。我们的社会已进入工业和科学技术高度发达的原子时代，但在美国这样的民主国家里，人民的生活还像在极权主义社会一样，由一小撮人来决定……虽然把杰出人物全说成是压迫和剥削群众的同谋者不太合适，因为他们也许很有公共观点或深深地关心群众福利，但他们的实际作用确实是维护和巩固剥削制度。"②

在新自由主义强风劲吹的今天，资本的统治更是试图渗透进国家政权的每一根毛细血管。以 2016 年的美国总统大选为例，商人出身的、缺乏从政经验的特朗普赢得了选举，并且毫不避讳地任命多位华尔街高管、经济巨鳄出任政府关键职位，特朗普内阁成为华尔街"富人俱乐部"。根据美国政治新闻网报道，此届美国政府内阁的财富估计超过 350 亿美元，这个数字与美国家庭年平均收入 5.5 万美元，形成了鲜明的反差。同时，这个数字相当于 2015 年刚果（金）的 GDP（352 亿美元）。即使只是把特朗普内阁与处于中位数的家庭年平均收入相比，反差依然令人咋舌。当单个美国家庭收入为 83 200 美元时，12 万个家庭的财富（99.8 亿美元），才抵得上特朗普 4 名内阁成员的收入：教育部长贝琪·德沃斯（Betsy DeVos，51 亿美元）、商务部长威尔伯·罗斯（Wilbur Ross，29 亿美元）、小型企

---

① 戴伊. 谁掌管美国. 北京：世界知识出版社，1980.
② 戴伊，齐格勒. 美国民主的讽刺. 石家庄：河北人民出版社，1997：1.

业管理局局长琳达·麦克马洪（Linda McMahon，11亿美元）、国务卿蒂勒森（Rex Tillerson，1.5亿美元）[1]。特朗普内阁掌握着美国政府的关键部门，由经济寡头组成的小团体占据这些部门的决策岗位为资本与政治的联姻提供了最好的注解。"财政部和白宫的许多官员来自同一家顶级投资银行——高盛（Goldman Sachs）。美国前十大银行控制着所有金融资产的60%，其高管人士部分都供职于政府顾问的要职……企业集权到威胁民主的水平，尤其是它严重偏向于富人的利益。"[2] 显然，这种形式的自由主义民主制度已经远离人民的权力。

在资本主义高度发达的其他国家，寡头统治以另外一种不同的、变换的方式呈现出来。在日本，资本的力量在家族主义文化的熏陶下与政治结合，带来政治权力的高度家族化与世袭化。这种"世袭"不仅仅是家产、名望的继承，更重要的是包括选举地盘，即后援会、政治资金管理团体等的继承。在这些政治世袭团体背后，深厚的财阀实力的支撑、学缘关系的相互培植、政治经验的传承起着关键作用。日本的"世袭政治"拥有悠久的历史，在资本主义制度下，这种权力继承机制和代际传递机制具有深厚的经济土壤。除内阁首相、成员可世袭，议员身份可世袭也是日本政治的一大特征。如表4-1所示，从2000年到2009年，日本众议院大选各政党的"世袭议员"比例一直居高不下，尤其是自民党和民主党，甚至有一半左右的议员出自势力大、影响广的政治家族[3]。严重的"世袭政治"正在损害日本的民主主义。

表4-1　2000—2009年日本众议院大选各政党中"世袭成员"情况

年份	数值类别	自民党	民主党	公明党	共产党	社民党	无党派之会	无党派
2009	世袭议员	55	32	0	0	0	—	0
	议席数	119	308	21	9	7	—	6
	世袭比例	46.2%	10.4%	0	0	0	—	0

---

[1] http://www.guancha.cn/internation/2016_12_16_384736.shtml.
[2] 曼.社会权力的来源：第4卷（下）.上海：上海人民出版社，2015：408.
[3] 乔林生.从"世袭政治"看日本民主的实像.南开学报（哲学社会科学版），2010（1）.

续前表

年份	数值类别	自民党	民主党	公明党	共产党	社民党	无党派之会	无党派
2005	世袭议员	129	25	3	2	0	—	11
	议席数	294	111	31	9	7	—	20
	世袭比例	43.9%	22.5%	9.7%	22.2%	0	—	55.0%
2003	世袭议员	126	48	3	2	0	1	5
	议席数	244	176	34	9	6	1	9
	世袭比例	51.6%	27.3%	8.8%	22.2%	0	100.0%	55.6%
2000	世袭议员	126	32	2	2	1	2	4
	议席数	241	125	31	20	18	4	9
	世袭比例	52.3%	25.6%	6.5%	10.0%	5.6%	50.0%	44.4%

近年来，美国政治中的一些新变化更能说明，资本逻辑能够推动精英民主演化为寡头政治的可能。一直以来，金钱与选举的关系在美国社会是"公开的秘密"，为了限制高额政治献金对选举活动的干扰，美国法律设置了献金限额来尽力避免选举被金钱操控的现象。但是，美国最高法院对1976年巴克利诉瓦奥案（Buckley v. Valeo）和2010年联合公民诉联邦选举委员会案（Citizen United v. Federal Election Commission）两项裁决案取消了利益集团参与竞选活动的献金限额。选举变得越来越昂贵，这也使得政治游说的代价水涨船高。为适应这种政治环境的转变，美国的游说政治开始迅猛发展。"华盛顿的利益集团和游说团有惊人的增长，1971年有175家注册游说公司，10年之后这种公司就变成了2 500家；到2013年，注册的说客有12 000多人，花费超过32亿美元。"[1]

脱离了人民权力控制的寡头统治符合资本的利益，有助于垄断资本的自由流动，却严重伤害了资本主义政治文明。资本与民主的结合客观导致了阶级政治的重生，激化了社会大众与精英群体的矛盾。综观美国政治，"公众中的大多数实际上对政府的政策几乎没有影响。美国人确实享有许多围绕着民主治理的政治权利，比如定期选举、言论和集会自由、广泛的

---

[1] HACKER J S, PIERSON P. Winner-take-all politics: how Washington made the rich richer and turned its back on the middle class. New York: Simon & Schuster, 2010: 118.

（如果仍然有争议的）公民权。但是我们认为，如果政策制定是由强大的商业机构和小部分富有的美国人主导，那么美国所声称的民主社会正在遭受严重的威胁。"[1] 选举民主的局限以及寡头统治的趋势，都表明资本主义民主正在丧失开放性和包容性，加速强化资本主义民主作为一种以资本、权力、地位为区分的封闭性的阶级政治的特征。

三、政治效能下降：否决政治的形成

资本政治除了在输入端与人民的意愿渐行渐远之外，它在输出端的表现近年来也乏善可陈，资本支配的政治制度及其公共政策在复杂交错的国家治理问题面前显得束手无策。长期以来，资本主义社会的主流观点认为，资本主义政治制度的某些特征——民主、透明、公开、责任性、开放、监督等有助于资本主义社会实现"良好的治理"，特别是与其他国家的制度相比，而二战后发达资本主义国家也确实在社会治理的实践上取得了不错的评价。但是，近年来人们开始怀疑这种观点，因为不管是在发达资本主义国家还是在那些资本主义导向的转型国家，国家治理的乱象层出不穷，而与此同时，一些依据本国国情，独立探索国家发展道路的发展中国家却实现了经济增长与社会稳定进步的双重效应。

澳大利亚学者约翰·基恩在面对西方发达资本主义国家表现出来的国家治理的颓势时感慨道："人们对民主大国——美国感到越来越不安，对僵化的政党政治和政客的信心一落千丈，对不受公共监督的跨国机构和贪婪的市场极为反感，抗议之声日益高涨。人们对世界被暴力所裹挟感到厌倦，对民族主义的兴起、超越民主的诞生、什么是民主、什么是民主的未来、有什么办法能够挽救民主的颓势、以什么方式维护并发展二战后取得的民主果实这些问题感到普遍困惑。"[2] 基恩的焦虑迫使我们去思考，资本政治为何离"善治"越来越远？

---

[1] 季伦恩，佩奇. 美国政治理论检验：精英、利益集团和普通民//本书编写组. 西式民主怎么了（Ⅲ）. 北京：学习出版社，2015：238.

[2] 基恩. 生死民主（下）. 北京：中央编译出版社，2016：692.

综合来看，资本主义政治制度绩效的显著下降源于资本逻辑的支配损害了制度的可实施性与有效性，形成了以"否决政治"为特征的政治体制，使得它无法应对复杂的国家治理难题。何谓"否决政治"（vetocracy）？这一概念来自美国学者乔治·切贝里斯（George Tsebelis）的"否决者"（veto players）理论。这一理论被用来解释为什么某些政体容易出现政治效能低下这一问题。不管是哪种政治制度，都以宪法的形式规定了不同权力之间的归属与相互关系，这些权力关系之间蕴藏着制度化的否决点和否决者。一般认为，某种政治制度如果其否决点和否决者的数量越多，那么就意味着在这种政治制度规则下产生的公共政策的稳定性就越差，不同权力之间产生龃龉并牵制对方谋求利益的可能性就越大。在这种情况下，其优点在于权力的刚性约束限制了专制权力的出现，缺点则是会带来否决政治的出现，即不同权力主体从特殊利益出发绑架公共政策，造成公共利益的丧失，从而带来政治衰败[1]。

应该说，任何政治制度都有沦为否决政治的风险，但是由于制度设计原则和制度运行逻辑的差异，某些政治制度更容易形成否决政治。在资本逻辑的支配下，资本存在足够的动机利用政治制度的否决点与否决者机制，造成特殊利益在制度领域内的纷争，近年来资本主义国家的政治低效问题充分说明了这一点。

根据"否决者"理论，总统制比议会制更容易导致"否决政治"。因为总统制的设计原则在于分权制衡，议会和政府容易被不同党派把持，出现不同党派掌控议会和政府的可能。总统制与议会制的主要差异是议题设定者不同，总统制下由议会设定议题，议会制下是内阁设定议题，内阁制易导致政府不稳定，在总统制国家很可能导致政体不稳定。因此，总统制的政策稳定性要低于议会制，而议会制一旦形成重大政策的阻隔就容易导致重新组阁。这就为资本利用国家制度提供的否决机制行资本利益之便提供了机会。

福山认为，当前美国宪法对行政权力的制衡已经发生了变异，现在的

---

[1] TSEBELIS G. Veto players: how political institutions work. Princeton, N. J.: Princeton University Press, 2002.

美国奉行的是一种"否决政治"。根据美国宪法，国会拥有决定政府开支的绝对权力，535名国会议员都可以用手中握着的否决权来换取某种妥协。除了宪法授予的制衡机制以外，美国国会还给了议员们许多其他机会，让他们可以使用否决权来要挟政府，比如100名参议员中的任何一人，都可以对行政部门的某项任命使用"匿名阻止表决权"。美国预算过程的开放性和漫无终期，给说客和利益集团发挥影响力开了多道方便之门。美国的委员会主席和执政党领导都有修改法案的巨大权力，也就顺理成章地成了游说活动的对象。立法上缺乏连贯性，因而形成不愿负责任的庞大政府。国会的许多委员会经常颁发重复、重叠的任务，或创建执行类似任务的多个机构，在中央已是毫无条理的体系，作为联邦主义的结果，在地方，政府体系就变得更加支离破碎。由此带来的结果就是，随着群体变得越发多元和规模越发增大，协商一致的决策效率急剧降低。这就意味着，对大多数群体来说，决策不再以协商一致为基础，而是以群体中的部分成员的同意为基础[①]。因此，这种权力制衡的制度设计在实际政治过程中就容易造成特殊利益相互扯皮而置公共利益于不顾的问题，这是对所谓民主政治的一种讽刺。

　　需要指出的，在形式多样的、频繁上演的否决政治游戏中，最主要的玩家是利益集团。在利益集团看来，这种阻碍公共政策形成的决策体制更容易实现资本的利益，更有助于取得资本自由化的目标。除了通过政治献金左右选举走势以外，利益集团还在具体问题上对国会议员和政府官员展开游说，从而影响政府决策。在华盛顿，游说组织、公关公司多如牛毛。有资料显示，美国500家大公司在华盛顿均设有公关公司；有成千上万的律师、卸任议员及其助手、退职行政官员和公关专家被利益集团雇用。利益集团通过对政府官员和议员展开游说，利用国会听证会或法院审判等场合陈述观点，利用社会舆论烘托政治氛围，以此影响政策的制定和实施。例如，2008年金融危机爆发时，议会和政府在要不要救市的问题上议而不决，而决定救市后，在要不要对某些企业施以援手的问题上，议会和政府

---

① 福山. 政治秩序与政治衰败：从工业革命到民主全球化. 桂林：广西师范大学出版社，2015：445-460.

则表现得非常默契。因为利益集团的牵扯，美国政府最终为华尔街的巨亏埋单[1]。

当然，否决政治除反映了党派之间利益无原则、无休止的纠缠之外，还体现了政治极化现象。政治极化意味着政治阵营内部越来越同质化，同时两个阵营之间越来越异质化。这也就意味着，民主党和共和党内部的中间势力和温和派越来越少，两党之间的交集越来越小，最自由的共和党人甚至比最保守的民主党人还要保守。在20世纪70年代末，众议院尚有30%的中间温和派，而到了21世纪初则下降到8%，与此同时立场强硬的自由主义者和保守主义者则从27%上升到57%。参议院也不遑多让：中间温和派从41%下降到5%[2]。政治极化现象并不仅仅限于政治党派与精英，美国选民的政治态度和价值选择也呈现出明显的极化趋势。随着经济全球化、人口结构变化、网络和新媒体兴起，美国社会分裂程度逐渐加深，民意越来越呈现多元分散状态。以盖洛普对美国公众所做的美国新任总统特朗普新官上任政策的评价中，如表4-2所示，持赞同意见和反对意见的民众比例几乎各占一半，在许多特朗普政策议题上不同民众的评价截然相反。这就说明，在关于公共问题的评价方面，美国人越来越难以取得政治共识，这代表了选民意志分裂局面的出现。

表4-2　　　　　　美国成年人对特朗普政府政策的支持度调查　　　　　　（%）

评价方面	支持	反对	无所谓
总体评价	42	55	3
你是否认同特朗普政府的以下政策？			
经济政策	48	47	5
国际贸易政策	45	51	4
移民政策	42	57	1
外交政策	38	57	4

调查时间：2017年2月1日至5日

面对当前资本主义政治制度绩效不佳的局面，英国前首相布莱尔讲

---

[1] 孙来斌. 美国的政治低效问题. 江汉论坛，2016（9）.
[2] 节大磊. 美国的政治极化与美国民主. 美国研究，2016（2）.

道:"民主仍然是我们选择的制度——是自由者自由选择的结果。但民主制度遭到了挑战,我称之为'功效'挑战:民主的价值是正确的,但民主制度往往无法兑现这些价值。在风云变幻的世界中,国家、社区、企业都必须不断调整自己去适应这些变化,民主制度显得迟缓、官僚而又脆弱。在这个意义上,民主国家对不起自己的公民。"[1] 因此,资本主义政治有必要反思自己的体制。在这一方面,丹麦学者莫恩斯·赫尔曼·汉森甚至认为,三权分立是一种过时的理论,因为"职能分立和人事分立原则已经因为种种例外而千疮百孔,必须被抛弃。而且,职能细分成立法、行政与司法,这在理论上是清晰的,但在实践中却不起作用"[2]。在我们看来,资本主义政治制度的变革出路在于抑制资本,建立一种保护社会、属于人民的政治制度。从这个意义上讲,资本主义政治需要向东方社会、向社会主义寻求智慧。

四、 国家治理困境显现: 民主绩效神话破灭

国家治理能力是检验政治制度绩效的重要标准。在这方面,资本主义政治制度所引发的国家治理危机正在逐步显现。长期研究民主治理问题的挪威学者斯坦·林根发表评论说,在考察了世界上制度最健全的民主国家之后,发现这些国家的民主制度漏洞百出,甚至正在走向衰落。民主制度在量上强大无比,因为民主国家的数量在世界上处于压倒性优势,但从质上看它虚弱不堪。尽管民主也许才刚刚开始衰落,但这已经是一个非常紧迫和现实的问题。民主国家很可能会在民主的外衣下蜕变为事实上的专制国家,成为"柔性专制主义"国家[3]。联系资本主义政治制度近年来在国家治理问题上的表现,就可以看出,资本主义社会的政治正在一步步滑向泥淖。

---

[1] 布莱尔. 民主已死?——真正的民主体制不仅仅是赋予民众投票权//本书编写组. 西式民主怎么了(Ⅲ). 北京:学习出版社,2015:181-182.

[2] 汉森. 混合宪制与三权分立:现代民主的君主制与贵族制特征. 经济社会体制比较,2012(2).

[3] 林根. 民主是做什么用的——论自由与德治. 北京:新华出版社,2012:1-3.

20世纪70年代末，美国和英国率先开始了用新自由主义方案拯救资本主义危机的尝试。在新自由主义思想的鼓励下，资本主义国家向福利国家开刀，拒绝承认国家向社会公众做出的福利承诺，并进一步摆脱政治家和公共部门的责任。在新自由主义思潮的主导下，资本主义政治制度为资本的盈利与逃避社会责任提供了很好的环境。在这种环境下，社会成员的财富差距被进一步拉大，一种被制度创制出来的阶级矛盾不断增长。资本主义政治成为利益集团的"舞台"，它们凭借强大的经济能力在"舞台"上游刃有余，甚至取代了民选政府成为政治的主导者。恰如福布斯等人所言："游说意在逐利，主要围绕获得特殊待遇和税额优惠而展开。目前，游说国会的总成本比运行国会的成本还要高。每年，用于游说的资金约26亿美元，而运行国会这个国家立法机关只需要20亿美元。"[1] 除了在这种体制中得尽便宜之外，利益集团还时常跳出来反对民主，因为它时刻担心民主力量的成长损害它们的财富。"富人的野心及其所占有的资源经常被视为对共和政体的稳定与自由的主要威胁，有时候甚至被视为最大威胁。除非受到正式约束，最富裕公民总是倾向于动用特权压迫同胞公民而不受惩罚，总是倾向于将政府运作引向满足他们自己而非全体公民的利益。"[2] 民主的报复手段就是把资本主义拖入经济危机，让资本主义陷入经济困难的境地，使得资本主义难以维持长期的增长。这样一来，"如果整顿国家的资本主义制度就连能够带来社会公正的经济增长的幻想都难以营造的话，就真的到了资本主义和民主制度分道扬镳的时刻了"[3]。长此以往，人们便丧失了对资本主义国家的信任与信心，变得焦躁不安、义愤难平。在这种难以摆脱的艰难局面面前，民粹主义就成了社会公众反抗资本主义的非理性但有效的手段，这样就为民粹主义的兴起埋下了伏笔。而在国际领域，资本囿于增长的难题，往往将问题指向国际社会中的竞争者，从而扛起了贸易壁垒主义、民族主义的大旗，反全球化的思

---

[1] 福布斯，埃姆斯. 美国的难题. 北京：中信出版集团，2016：48.
[2] 麦考米克. 抑富督官：让精英重新对大众政府负责//王绍光. 选主批判：对当代西方民主的反思. 北京：北京大学出版社，2014：11.
[3] 施特雷克. 购买时间：资本主义民主国家如何拖延危机. 北京：社会科学文献出版社，2015：231.

潮也由此兴盛。而这些问题的所有结果，就构成了资本主义国家治理的总体危机。

除了上述问题之外，资本政治导致国家治理失败的显著标志就是社会犯罪率的上升（很多人忽视了它们之间的联系）。美国前总统奥巴马发表文章称，美国当前的犯罪率和收监人数居高不下，不仅耗费了大量财政资金（每年超过810亿美元），而且没有起到预防犯罪和提高社会安全感的效果。如图4-3所示，在每10万人受过监禁的人数的国际比较中，美国"独占鳌头"。在1980年，美国监狱的囚犯总人数还不到50万，但是今天美国监狱的囚犯总人数已经超过220万，比地球上任何其他国家的都要多。许多犯罪分子确实是罪有应得，他们中的多数都被处以监禁。但不可忽视的是，有许多人（尤其是参与非暴力的毒品犯罪的人）会被判处过长的监禁期限。全世界受过监禁的人数比例是5%，但是其中25%的囚犯在美国。美国监狱中的囚犯人数比欧洲前35个国家囚犯人数的总和还要多[①]。

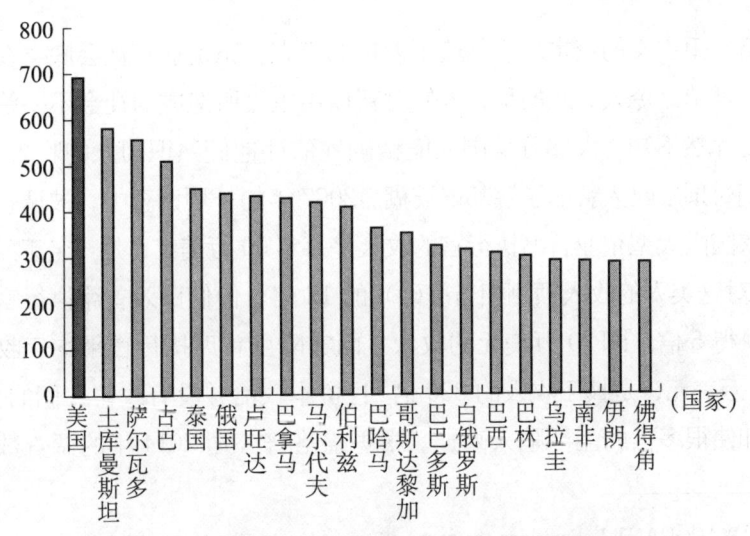

图4-3 2016年数据：各国每10万人中受过监禁的人数

---

① OBAMA B. The president's role in advancing criminal justice reform. Harvard law review, 2017, 130 (3).

关于资本政治与监禁率增长之间的关系，美国学者洛伊西·瓦克匡特（Loïc Wacquant）指出，新自由主义政策的实施鼓励公共职能的私有化，提倡公民依靠工作而不是国家确保个人福利，这样导致了社会失业率的上升以及大量的低薪、收入不确定的社会群体的出现，社会底层日益贫困化，这些人逐渐成为社会监禁的潜在对象。因此，新自由主义并没有导致国家干预角色的淡化，反而使得资本主义国家成为一种"半兽人"国家（centaur state），即对上层社会采取温柔的、呵护的保护政策，而对社会底层实行严厉的、苛刻的统治政策[1]。美国政治经济学家约翰·坎贝尔（John L. Campbell）公开嘲讽这种"半兽人"型的"监禁国家"，"一方面，它惩罚了社会底层人群，使囚犯数量增长；另一方面，这又让那些经营监狱的上层社会群体收益颇丰，他们雇用中产阶级替他们管理监狱"[2]。因此，大卫·麦克纳利（David McNally）也指出，新自由主义削减了社会福利项目的开支，却大大增加了监狱系统的投入，"加利福尼亚正在营造有史以来世界上最大规模的监狱建设项目"[3]。

新自由主义的资本政治制造了大量的穷人，正是这些社会底层在为资本政治埋单。令人奇怪的是，人们对新自由主义所造成的社会不平等的严重程度浑然不知。大部分美国人能精确地估计他们熟识的人的收入水平，但他们对顶层收入者的了解却很模糊。2007年的一项调查中，被调查者估计一家国内大型企业首席执行官的收入是每年50万美元，是一名工厂技工（他们对这类人的收入预测相当准确）的12倍。他们认为首席执行官应该只能获得5倍，即20万美元的收入。而实际上首席执行官平均年收入是1 400万美元，是技工收入的350倍[4]！资本政治并没有改善人们的生活，相反却使很多人的生活陷入窘迫。根据盖洛普公司2014年的调查数据显

---

[1] WACQUANT L. Punishing the poor: the neo-liberal government of social insecurity. Durham, North Carolina: Duke University Press, 2009.

[2] CAMPBELL J L. Neoliberalism's penal and debtor states. Theoretical criminology, 2010, 14 (1).

[3] MCNALLY D. Global slump: the economics and politics of crisis and resistance. Spectre, 2011: 119.

[4] 曼. 社会权力的来源：第4卷（下）. 上海：上海人民出版社，2015：426.

示，美国约有19%的人（约合6 000万人）在过去的12个月内在购买食物时感到捉襟见肘。这些现象出现在作为"富裕社会"的资本主义国家，实际上是对资本政治所造成的阶级差距扩大的控诉。这也从另一个侧面说明，资本政治的危机正在把资本主义社会拖入国家治理失败的边缘。

第五章

资本主导下的社会困境

完善的社会保障体系、公共服务体系和人权维护体系，通常被认为是西方国家优越性最有力的证明，为维护西方社会稳定和巩固西方资本主义制度发挥了重要作用。但是，近几十年以来，特别是进入21世纪以来，西方社会领域危机重重，在有的方面矛盾还不时被激化，给西方社会的稳定蒙上了阴影，也给西方社会的未来走向打上了问号。

一、当代西方的社会困境

（一）贫富差距扩大

二战以后一段时间内，发达国家在收入差距方面呈现逐步缩小的趋势，资本主义社会的发展也相对趋于和谐与平稳，劳资矛盾相对缓和。这种情况一直维持到20世纪80年代。但近40年来，西方国家社会收入和财富分配不公、贫富差距扩大的问题重新浮出水面。

法国经济学家皮凯蒂的学术专著《21世纪资本论》通过对大量历史数据的比较研究，揭示出自20世纪70年代以来，美国和其他发达国家的收入不平等日益严重。诺贝尔经济学奖获得者保罗·克鲁格曼在为《21世纪资本论》写的书评中指出："皮凯蒂并不是第一个指出我们面临的不平等正在迅速加剧的经济学家，也肯定不是第一个强调收入差距的人——绝大多数人口收入增长缓慢，而最富有的阶层却收入飞涨。""本书的真正新颖之处在于，它摧毁了保守派最为珍视的一些错误信条。保守派坚持认为，我们生活在一个靠才能就能成功的时代，富人的巨额财富都是赚来的，也都是应得的。但皮凯蒂阐明，富人的大部分收入并非来源于他们的工作，而是来源于他们已拥有的财产。我们正在倒退回'承袭制资本主义'的年代。"① 弗里德里希斯博士指出，目前的调查表明，收入很高的专业和技术人员的岗位在增加，中等收入的工人与职员的劳动岗位在减少，低工资的劳动岗位大幅度增加。就业结构的这种变化使西方社会产生"U 字形"的收入分配局面，使整个社会重新出现两极分化的分裂迹象。

数据显示，2012 年，美国全国收入的 22.5%集中在 1%的家庭手中，是自 1928 年之后的最高值。美国现在超过 70%的全国财富被 10%的人占有，比 1913 年"镀金时代"结束时的比例还高，全国财富的一半是由最富有的 1%的人占有。美国《华盛顿邮报》在一篇报道中指出，在 20 世纪 50 年代，一些美国大公司老板的收入是一个工人的 50 倍，而现在达到 350 倍。

美国著名经济学家约瑟夫·施蒂格利茨 2012 年出版的《不平等的代价》一书中将美国贫富悬殊、中产阶级萎缩和收入下降归咎于体制因素，认为这是市场投机和政治运作共同作用的结果。他引用美国官方的统计数据，指出 1980 年美国的基尼系数为 0.4，到 2009 年已经达到 0.47。位于金字塔下层的 90%民众的收入，已经停滞了 1/3 世纪之久。全职男性工人的真实中位数收入比 42 年前还要低。在社会底层，实际工资基本维持在 60 年前的水平。富人越来越富、贫富差距急剧拉大表明，当前的美国政治体制已经被强势经济集团绑架，使美国市场和税收制度更加有利于维护富豪利益，这就是所谓"1%人的痼疾"，即 1%的群体掌握着 99%的人的命运，1%的人占据着 99%的财富（1%指美国收入最高的阶层）。譬如，1%掌握权力的人运用手中掌握的权力，制定适合自己这个阶层的法律、制度、市场等，运用手中的权力将钱从金字塔的底层移到上层。平等竞争的国家形象逐渐黯淡，民主制度对民众的关切日益淡漠，国家凝聚力正在下降。用斯蒂格利茨的话说，美国已经变成 1%所有、1%所治、1%所享的国家②。皮凯蒂也指出，劳资分立造成了诸多冲突，首要原因是资本所有

---

① 皮凯蒂. 21 世纪资本论. 北京：中信出版社，2014：封底.
② 施蒂格利茨. 不平等的代价. 北京：机械工业出版社，2013.

权的高度集中。财富的不平等以及由此产生的资本收入的不平等，事实上比劳动收入的不平等要大得多。按照美国经济学家萨默斯的说法，收入增速比顶层1%的人群更快的人群只有两个，就是顶层0.1%和顶层0.01%。因此，2011年9月17日开始在美国爆发的"占领华尔街"运动中，广大民众打出了"我们就是那99%"的标语。

直到目前，西方贫富差距的扩大趋势并没有得到扭转，甚至有愈演愈烈之势。2012年4月16日，美国总统奥巴马力推的对最富美国人征收30%所得税的"巴菲特规则"议案在参议院被否决。为此奥巴马愤而抨击阻碍议案通过的共和党人"再度选择以牺牲中产阶级的利益为代价保护最富阶层减税"，认为"这种不公平的制度已经使得最富的少数人与其他人之间的差距变成了一条鸿沟"。许多美国人在经济上的痛苦和迷茫甚至反映在健康数据上。经济学家凯斯和2015年度诺贝尔经济学奖获得者安格斯迪顿的研究显示，一些阶层的美国白人预期寿命有所下降。美国税收及债务问题专家索希尔认为，如果与收入不平等相伴的教育资源不平等、家庭结构失衡等问题不能得到有效解决，那么美国成为"永久分裂社会"的概率很大。

（二）中产阶级衰落

与西方社会贫富差距扩大同步的是西方社会中产阶级的衰落。美国知名独立民调机构皮尤研究中心的调查显示，美国中产收入家庭占总体的比例已不到一半，美国的中产阶级正在萎缩。数据显示，在美国，至2010年，中产阶级收入连续11年下降，是自20世纪30年代经济大萧条以来第一次中产阶级家庭收入长时间负增长。皮尤研究中心根据美国人口普查局和美联储的数据所做的研究报告显示，美国中等收入家庭占全部家庭的比例已经从1971年的61%减少到2016年的49.4%。与此同时，低收入家庭的比例从25%增加到29%，高收入家庭的比例从14%增加到21%。皮尤研究中心2016年5月发布的一项研究显示，2000年至2014年，美国229个大都市区中有203个出现了中产阶级人数占总成年人口的比例下降的情况，其中纽约、洛杉矶、波士顿、休斯敦等大都市区的中产阶级人数占总成年人口的比例已降至不到一半，说明中产阶级萎缩已成为美国大都市的普遍现象。皮尤研究中心在2015年年底发布的另一项研究表明，不管是从人口数量还是从家庭收入来看，中产阶级已不再是美国社会的"大多数"。研究显示，截至2015年年初，美国低收入和高收入阶层人口总数为1.213亿，超过了1.208亿的中产阶级人口规模，为40多年来首次出现的情况。2015年中产阶级占美国总成年人口的比例只有50%，远低于1971年的约61%。也就是说，美国家庭的结构正在从中间大、两头小的"橄榄球状"逐渐向两头大、中间小的"哑铃状"变化。另据美国人口普查局2014年8月公布的统计数字，金融危机后的2011年，剔除通货膨胀因素之后，美国中等收入家庭的实际生活水平低于1989年；如果与2000年相比，这些家庭的年收入减少了4 000美元。2014年，《时代》杂志引用罗素·塞奇基金会（Russell Sage Foundation）的数据，表明"美国家庭平均年收入(56 335美元)比10年前(87 992美元)还要低得多"。美国联邦储备委员会2015年5月27日发布的《2014年美国家庭生活水平报告》显示，47%的美国家庭在不变卖东西和借钱的情况下拿不出400美元应急款。在其他西方发达资本主义国家也同样出现了中产阶级萎缩的情况。

德国柏林世界经济研究所发布的研究报告显示，德国月净收入介于860～1844欧元的中产阶级人口占全国的比重从2000年的66.5%降至2009年的61.5%，同期内，高收入群体人口占比从15.6%升至16.8%，低收入群体占比从17.8%升至21.7%，高收入者月平均收入从2 400欧元增至2 700欧元，低收入者月平均收入从680欧元降至645欧元[1]。

法国智库战略分析中心2007年年底进行的民调显示，2008年，法国居民税后可支配收入约为1 467欧元，除去偿还贷款、缴纳各种税收、保险、支付房租、水电费、煤气费等无法缩减的"强制性开支"以及食品、交通、医疗、教育等方面的开支后，每月剩余约300欧元用于娱乐、服装等消费。在这部分群体中，48%的人当年没有外出旅游，37%的人没有去过电影院，34%的人没有汽车，一种对未来不确定性的忧虑情绪正在中产阶级内蔓延[2]。

---

[1] 周谷风. 德国中产阶级萎缩——贫富差距扩大. 新华每日电讯，2010-06-18.
[2] 李长久. 当前中产阶级在世界各国的发展状况及作用. 红旗文稿，2016(3).

日本相关研究显示,从20世纪80年代中期至2007年,"在家庭可支配收入中间值70%至150%范围内"的日本中产阶级人口占比从51%下降到了45.6%。在麦肯锡调查的全球25个发达经济体中,从2005年到2014年,70%的家庭的收入都遭遇了下滑。而在1993年至2005年,这个数字只有2%。

中产阶级明显萎缩,与之相伴的是中层民众的"被剥夺感"和"失落感"日益上升。中产阶级一向被视为经济社会发展的中坚力量和"社会稳定器",中产阶级的持续衰落,为西方社会敲响了警钟。

(三) 社会流动性减弱

随着收入不平等的加剧,西方社会的流动性明显减弱,社会固化程度逐步增强。英国社会流动和贫困儿童委员会2014年发布调查报告称,在对1991年和1992年出生的近50万名英国学生调查分析后发现,很多有潜力的学生受限于家庭环境,无法进入一流大学。调查显示,3万多名来自贫困家庭的孩子中只有921名在一流大学就读,占比仅为2.8%;而非贫困家庭的孩子在一流大学就读比例达9.9%。报告撰写人之一、剑桥大学教育学教授安娜·维尼奥尔斯指出,教育始终是推动社会流动性的关键所在,但英国的教育机会不公平等问题日益严重。贫困家庭的孩子与其他孩子,在进入学校时就有差距,而由于教育资源分配不均、家庭背景等原因,中等教育结束后两者差距就变得更大。2013年11月,英国前首相梅杰指出,英国社会仍被私立学校培养的精英阶层以及富裕的中产阶级主导,有影响力的机构中很难见到工薪阶层,社会流动性几乎停滞。很多孩子从一出生就被家庭环境决定了未来,教育机会的缺失让他们几乎无法做出改变。英国有个系列纪录片,导演选择了14个不同阶层的孩子,在从1964年到2012年长达49年的时间内,每隔7年进行跟踪拍摄,这14个孩子的经历表明,富人的孩子依然是富人,穷人的孩子依然是穷人,在英国社会中阶层仍然难以逾越[1]。

在历史上,美国的社会流动性比欧洲要大,这无疑为美国经济社会发

---

[1] 白阳. 教育不公导致英国阶层固化. 人民日报, 2014-07-10.

展提供了较大的活力。但一些西方学者的研究表明，在当今美国，个人改变出生时社会阶级属性的难度要高于欧洲。数据显示，在过去30年里，机会不平等在最近几十年里显著加大了，美国的社会流动性已明显下降，最底层的20%中，将有42%的人的孩子会继续留在最底层，而最底层的20%进入最上层的20%的概率只有8%。美国知名大学的学生，只有9%出身于占社会50%的底层人群，74%来自占社会25%的上层人群。在美国，关于不同社会阶层在考试分数、完成学业的时间、选择的职业以及收入等方面的一系列统计数据表明，这种机会差距在20世纪70年代之前持续减小，而现在则在不断扩大。此外，美国的教育也变得越来越不公平。处于顶层的社会精英无节制地将资源用到自己的孩子身上，而公立学校则资源匮乏。高昂的大学费用和"拼爹"的推荐入学制度，将出身底层的优秀学生挡在一流私立大学的校门之外，精英教育越来越只适用于上层社会，这是造成美国阶级固化的重要原因之一。

（四）社会冲突加剧

2008年国际金融危机发生之后，特别是2011年之后，西方社会进入了一个"多事之秋"，至今仍未稳定下来。2011年5月15日，在西班牙首都马德里爆发了反对高失业率和经济危机的"愤怒者"运动，在该运动中，青年学生和失业者自称"没有工作、没有住房，也没有害怕"，提出了"反紧缩、反削减（政府开支）、要就业"等诉求，得到了欧洲民众的呼应。2011年8月6日，在英国首都伦敦发生大规模骚乱，骚乱导火索是民众上街抗议警察枪杀黑人男性平民的暴行。2011年9月，在美国纽约发生了著名的"占领华尔街"运动，并迅速蔓延到很多西方发达资本主义国家。此外，在2011年一年之内，欧洲还接连发生挪威爆炸枪击事件、比利时列日市袭击事件和法国系列枪击案等一系列针对无辜平民的恶性事件，反映了国际金融危机发生以后部分西方失意民众在经济困境中的绝望心理，借助极端方式宣泄情绪的趋势在抬头。《金融时报》把2011年称为"愤怒之年"。西班牙的《起义者》报、美国的《纽约时报》把西方国家的社会动荡称为"时代骚动的信号"和"义愤时代"的开始。近年来西方社会的冲突和动荡除了经济原因外，还有以下原因：

一个是种族问题,这在美国表现得特别突出。美国自建国以来,一直面临种族问题,如今种族鸿沟没有那么明显,但并未消失。美国的《民权法案》以及后来的一系列法案在很大程度上缓解了种族隔离问题,相对促进了教育公平,但这并不代表美国教育彻底摆脱了种族隔离。从现有的情况看,各州的学校、同属一州的学校之间仍存在事实上的教育不平等。虽然有色人种人口已占总人口的 1/3,但美国社会仍没有整合为一体,新的种族界限阻碍了所有人享有均等的权利。在民权运动之前,美国的种族歧视是公开的,现在变得更加微妙而隐蔽[1]。正如"自由之家"在关于美国自由的研究中指出的那样,尽管美国的民主体制在许多方面依然非常自由、多元和富有韧性,但必须解决长期存在的以及新出现的非正义问题。譬如,持续的种族不平等、过于拥挤且滥用权力的监狱,这是由于在过去 25 年入狱人口比例上升了 5 倍。而黑人在其一生中某一时刻被判入狱的比例是 3∶1——几乎是白人被判入狱比例的 6 倍[2]。此外,财富在白种人和非白种人之间的分配也是非正义的。如今白种美国人富裕指数高出非裔和伊斯帕尼亚裔居民 18 倍至 20 倍之多。2009 年房地产泡沫破裂之后,一个典型的非裔美国人家庭仅拥有 5 677 美元,一个伊斯帕尼亚裔家庭的积蓄为 6 325 美元,而与之大相径庭的是,一个白种美国人家庭却拥有现金、存款、车辆、房屋及地产、股票、债券和养老金等形式的价值 113 149 美元的财富。1/3 的非裔或伊斯帕尼亚裔美国人以及 15% 的白种居民根本没有财富,只有负债[3]。

另一个是移民问题,这在欧洲表现得特别突出。进入 21 世纪以来,在战争和地区动荡的促发下,北非中东等地区出现了大规模的人员跨国流动,给西方社会带来利益分配、移民融入、文明融合等一系列深层次的难题。2015 年,全球有 2.5 亿移民和 6 500 万被迫离开家园的人。美国有线电视新闻网(CNN)主持人法里德·扎卡里亚表示,移民是全球化的最终表现形式。它之所以被认为具有侵略性和颠覆性,是因为在这个问题上,

---

[1] 徐浩然. 当代西方资本主义面临的困境及其自我调适. 当代世界与社会主义,2017 (3).
[2] 布拉姆. 美国有那么强大吗?. 北京:中国电力出版社,2015:8.
[3] 戴蒙德. 民主的精神. 北京:群言出版社,2013:389.

本土民众面对的是活生生的外国人，而不是一些抽象的概念。这些外国人相貌和语言与当地人不同，生活习俗也不同。这些都可能引发种族歧视和仇外情绪。在国际金融危机的冲击下，相当一部分西方民众面临前所未有的生活窘境，尊重多元文化的社会价值观体系遭到质疑并逐渐败退，西方社会的保守化倾向加剧，"过去那个自信和向世界开放的欧洲，今天却显得狭隘"，社会心态开始呈现出此前少有的焦虑和封闭态势。在各大洲中，欧洲接受的移民最多，高达 7 600 万，因而欧洲大陆也是对移民问题感到最焦虑的地区。英国皇家国际问题研究所发布的报告认为，金融危机发生以来，右翼民粹主义思潮在很多欧洲国家明显升扬，反移民、反穆斯林、否认平等、拒绝开放、政治不满情绪相互影响，且这一情况还可能进一步加剧。这种焦虑感有时比经济议题更能影响投票倾向。近两年，难民和移民问题成为欧洲民粹主义爆发的直接原因，以民粹主义、排外主义、种族主义为特征的极右思潮上升，对外来移民、外来文化的宽容度明显降低。此外，恐怖主义对世界的威胁有增无减，亨廷顿所言的"文明的冲突"有愈演愈烈之势。

二、作为社会平衡机制的西方福利制度

全面的西方福利制度体系是资本主义发展到国家垄断资本主义阶段的产物，它既是广大劳动者斗争的结果，也是资本主义制度自我调整的突出体现，一度为缓和西方社会矛盾、巩固西方社会立下了汗马功劳。

（一）西方福利制度的起因和发展过程

西方福利制度经历了一个长期的发展过程，其历史可以追溯到 17 世纪英国颁布的《济贫法》。1601 年，为了解决圈地运动过程中出现的流民问题，英国伊丽莎白女王颁布了第一个济贫法案，对失地贫民进行救济和强迫劳动。1765 年，英国开始实施《斯皮纳姆兰法案》，规定基本工资由食品价格决定，政府对收入不能达到基本工资水平的工人家庭进行补贴。英国工业革命之后，为了维护资本主义统治秩序，统治阶级需要建立社会保护和再分配制度，调和阶级和社会矛盾。1834 年，英国议

会通过《济贫法修正案》("新济贫法"),承认享受社会救济和福利是公民的一项权利,国家有义务对此做出保障,并设立中央济贫法管理委员会,对济贫事业进行全国统一管理。

从19世纪70年代到一战爆发,再到20世纪30年代资本主义大危机时期,资本的统治、战争和经济危机一再加剧了无产阶级的贫困化,掀起无产阶级声势浩大的反抗斗争浪潮,引发资本主义国家内部的政治危机。为了避免资本主义制度的瓦解,资本主义国家不得不以"中间人"的身份出面进行"调停",对无产阶级进行"福利安抚"。19世纪80年代,为了安抚劳工阶级,维护社会稳定,德国"铁血宰相"俾斯麦通过《社会保障法》等一系列法令,建立起包含工人养老金、健康和医疗保险等福利制度。20世纪30年代大萧条时期,自由竞争的资本主义陷入困境。为了克服经济危机,在凯恩斯主义影响下,美国政府力推新政,出台了一些带有福利性质的政策,"凯恩斯福利国家"初见雏形。1941年,英国经济学家贝弗里奇起草了报告《社会保险和有关福利问题》,即"贝弗里奇计划"。该报告主张享受社会保障是每个公民的权利,认为英国政府需要建立一个社会保险制度来惠及所有居民,还提出了一些具体措施,如受保者按统一标准缴费、按统一标准领取津贴和救济等。在此基础上,英国政府制定了一系列社会保障法,其中主要有1944年的《教育法》、1945年的《家庭津贴法》、1946年的《社会保险法》、《国民健康服务法》、《工业伤害法》和1948年的《国民救济法》等。这些法案初步建立了社会保障制度、全民义务教育制度和全民公费医疗制度,构成了英国社会保障体系的主体。由此英国构建了其社会福利体系,成为第一个真正意义上的福利国家。这一福利国家的理念基础又被称为"社会凯恩斯主义",以区别于将公共财政支出重心放在公共工程上的"经济凯恩斯主义"。

二战以后,西方发达资本主义国家进入经济恢复时期。由于经济危机与惨烈战争遗留了诸多问题,大批工人失业,社会动荡不安,为了缓和阶级矛盾,保证资本主义再生产的顺利进行,西方发达资本主义国家普遍推行了社会保险、社会福利和劳动保障措施,建立了主要包括社会保障和社会服务两大类的社会福利体系。从二战结束到20世纪70年代,经过三十多年的发展,主要西方发达资本主义国家已经基本达到布鲁斯在《福利国家的来临》一书中提出的现代社会保障的五项标准：(1) 保障每个人在任何情况下的体面生活；(2) 保障每个人的基本生活不受意外事故的影响；(3) 帮助发展家庭；(4) 把健康和教育当作公共的事业，从而普遍地提高物质和文明的水平；(5) 发展和改善公共设施，如居民住宅、城市环境等[1]。根据安德森的研究，当前西方发达资本主义国家的福利模式主要有如下三种：以美国为代表的自由主义福利模式、以德国为代表的保守型福利模式和以瑞典为代表的社会民主主义福利模式。在自由主义福利国家中，处于支配地位的是家计调查式的社会救助、少量的普享式的转移支付或作用有限的社会保险计划，这类福利国家中非商品化程度最低。保守主义福利国家强调的是对既有阶级分化的保护，因此公民的社会权利依阶级归属和社会地位而不同。但是，在这类福利国家中，市场从来都没有成为主流，非商品化的程度要高于自由主义福利国家。社会民主主义福利模式则将高度非商品化原则与普享主义的原则结合起来，所有的阶层均被容纳到一个普享的福利体系中，从而实现社会团结和平等。

（二） 西方福利制度的社会平衡作用

西方资本主义国家的社会福利制度是资本主义发展到一定阶段之后对其分配关系的调整。从历史上来看，这种调整确实取得了一定的效果。特别是二战以后，作为战后阶级妥协的产物和一种制度安排，福利国家曾一度作为有效缓解资本主义社会矛盾的政治方案而广受赞誉。二战以后，西方发达资本主义国家以凯恩斯国家干预主义和福利经济学为理论基础，重视社会有效需求和社会就业，重视国家对市场经济的干预作用，通过大规模广泛推行社会救济、失业保险、养老保险等社会福利政策，承担起诸如健康、教育和社会安全等领域的公共责任，成功地缓解了阶级冲突和阶级矛盾，平衡了不对称的劳资关系，使二战以后的西方发达资本主义国家迅速恢复了经济，迎来发展的"黄金时期"，并且也在某种程度上推进了战后西方发达资本主义国家的民主建设。归根结底，这些社会福利制度起到了社会平衡的作用。

---

[1] 周弘. 欧洲社会保障的历史演变. 中国社会科学, 1989 (1).

任何社会发展都具有动力、平衡和调整三种机制，这是人类社会赖以发展的三种最根本、最普遍的机制。西方福利制度就是一种典型的社会平衡机制，一度为缩小西方社会不平等和维护西方社会稳定立下了汗马功劳。

动力、平衡和调整机制广泛存在于自然界和人类社会中。这三种机制既是社会历史发展隐蔽规律的具体体现，也是制度规范、体制运行、政策措施和所呈现的现象的内在机理。动力机制释放着社会发展的能量，平衡机制保持着社会各要素、各领域、各部分之间的协调，调整机制力求使动力机制和平衡机制之间达到优化、协调、配合。动力、平衡和调整三种机制都通过一定的制度规范、体制运作和政策措施体现出来，一切制度规范、体制运作和政策措施的背后，都有这三种机制在发挥作用。其中，平衡机制是使得社会各基本要素和部分之间保持协调、和谐，保证社会稳定有序的机制。平衡机制的功能，是通过平衡利益分配和整合价值取向，使速度与稳定、效率与公平达到均衡，形成一种稳定有序、各得其所、和谐相处的社会发展状态。衡量平衡机制的标准主要是和谐。考察一个社会的平衡机制状况，就要考察它能否使全体社会成员各得其所、和谐相处，能否使社会各要素、各领域、各方面的关系处于协调状态[1]。

骑自行车为什么有时会不稳？是因为骑车过程有时会受到一些干扰，如遇到道路崎岖的状况等，从而偏离原来的平衡状态，但只要是学会了骑车的人，遇到小的干扰时都会自然地调整身体姿势，使骑行动作恢复到平衡状态。这个从"失衡"到"再平衡"的过程，就是一个自动纠偏的过程，在这个过程中，自行车并没有停下来，而是一直在前进，并在前进中保持了稳定。飞行的导弹也是在前进中实现平衡的。如果受到干扰，导弹里、地面上和空间中的监测装置（如陀螺仪、雷达、卫星定位系统）会检测到导弹发生的偏差并将这种偏差传给导弹的飞行控制系统，飞行控制系统及时调整弹体姿态，保证导弹稳定飞行，最后准确命中目标。自然生态系统也具有自动调节的能力，通过各个生态子系统的相互作用，吸收和化

---

[1] 韩庆祥，王海滨. 论作为分析框架的动力、平衡、调整三种根本机制. 天津社会科学，2015（4）.

解干扰,实现自然生态系统的整体循环,在生产、消费、分解之间保持稳定,从而在总体上维持一个相对稳定的平衡状态,这就是生态平衡。与此类似,社会发展过程中也会遇到一些干扰,这些干扰就是社会冲突。作为社会领域中现实矛盾的体现,社会冲突贯穿于人类社会发展进程。在社会转型特别是对社会整体结构影响深远的现代化转型时期,社会冲突往往以更为集中和激烈的形式表现出来,正如"亨廷顿命题"所言,"现代性孕育着稳定,而现代化过程却滋生着动乱"。在西方社会迈入现代社会的巨大转型过程中,利益关系明显失衡、社会矛盾凸显,各种社会冲突高发。西方的社会福利制度就在这种情况下应运而生,力图使社会回到稳定平衡的状态。回顾历史,西方的社会福利制度确实在一定程度上有效地发挥了社会平衡作用,主要表现在以下几个方面:一是平衡了两大对立阶级的阶级地位,通过普遍实施福利制度,工人阶级的生活状况得到了非常明显的改善,工人阶级的地位有了很大的提高;二是平衡了劳动力的供需,福利制度的推行保障了劳动力再生产,扩大了社会就业,保证了社会化大生产对于具有较高素质劳动者的需求;三是平衡了商品生产的供需,社会福利制度增加了社会的"有效需求",促进了社会资本再生产的顺利进行;四是平衡了社会收入,福利制度的实施有效地平抑了社会收入和贫富差距,缓解了劳动与资本之间的尖锐对立,缓和了阶级矛盾,为资本主义的发展创造了一个相对稳定的环境,维护了社会再生产的外部条件,为资本主义的发展和自我调整开辟了空间。正如德国学者克劳斯·奥菲所说:"总而言之,福利国家是稳定资本主义社会的一套装置,而不是使其改变的一个环节。"[1]

不过,在西方福利制度所谓的优越性的背后,隐藏着资本主义的实际目的。马克思主义的分析告诉我们,资本要想实现增殖,最根本的还是要依靠人的劳动。因而,在资本主导的逻辑之下,为了使"劳动者"能够持续稳定地提供优质劳动力,为了使"消费者"持续稳定保持较强购买力,西方国家统治阶层就必须在社会保障体系、公共服务体系和人权维护体系方面下一些本钱,这就是西方社会福利制度的根本动因。冷战时期,为了

---

[1] 奥菲. 福利国家的矛盾. 长春:吉林人民出版社,2006:8.

与社会主义国家比拼竞争力，西方国家又大大强化了各方面的社会福利制度，其中不乏从社会主义国家学来的一些制度。冷战结束后，为了维持西方国家在全球体系中的霸主地位，借助于全球化带来的"超额剩余价值"，西方国家一度又进一步强化和完善了其社会福利制度，因为这种社会福利制度有利于西方国家在全球范围内吸纳和聚集优秀的人才。

不过，随着近年来资本对西方社会各个层面的全面主导，西方福利制度陷入了前所未有的困境，其对西方社会的正面作用正在渐渐消解，西方福利制度正在走向衰退。

三、资本主导与西方福利制度的当代困局

在经历了一段发展的"黄金时期"之后，20世纪70年代初期，在"石油危机"的影响之下，西方发达资本主义国家陷入严重的经济和能源危机，特别是，欧洲许多资本主义国家在很长一段时间陷入"滞胀"，经济增长缓慢、停滞乃至倒退，失业率大幅上升，开始普遍出现"福利国家危机"，其具体表现是：社会保障费用大大超过了国民经济的承受能力，战后高水平的福利政策造成了国家巨大的"财政黑洞"，政府主导的福利体系产生了严重的低效和浪费现象，公平与效率的矛盾愈演愈烈。

"福利国家危机"在西欧尤其突出。在选举期间，西欧各国社会民主党为了赢得选票，向选民做出了大量不切实际的承诺，而其所主张的福利国家政策，是建立在政府的大规模举债和超负荷投入的基础之上的，在实施过程中造成了政府的财政亏空。为了维持庞大的福利体系运转，政府不得不采用增加税收的办法，这样就会间接地提高企业产品价格，影响国内产品的市场竞争力，进而波及劳动力就业等社会领域，造成失业，反过来影响政府的税源，因而形成了一个恶性循环。当加税尚不足以弥补财政亏空时，就只好向国外举债。此外，针对民众的福利本身又具有不可逆的特点，只能上，不能下，也就是说，各种福利在给予民众以后，政府只能在既有水平上继续增加，如要降低福利水平甚至取消这些福利，政府就将承担巨大的执政风险，执政党甚至会因此而被选民选下台。因此，在20世纪70年代"石油危机"之后的很长一段时间内，西方发达资本主义国家特别

是西欧国家普遍陷入两难境地,曾经促进经济发展的福利政策反而成了政府背负的沉重包袱,成为制约执政党执政的瓶颈,甚至成为西方国家陷入"滞涨"不能自拔的重要原因。约翰·基恩认为,把20世纪30年代不景气的、充满冲突的政治经济转变为战后世界官僚主义福利国家的繁荣计划,已经陷入绝境。他指出,"福利国家在政治上的胜利已经演变成肯定的失败。福利国家所引起的问题和意想不到的后果,已经超出了它通过官僚主义管理手段所能解决的范围"[1]。哈贝马斯在《合法化危机》一书中也明确指出,晚期资本主义国家由于过多地介入经济生活,承担起取代市场和补充市场的职能,这最终导致当代资本主义社会这种官僚福利体制陷入一种新的合法性危机[2]。

20世纪70年代末到90年代,西方发达资本主义国家普遍采取了包括推行"新自由主义"在内的改革和许多相应措施,以求摆脱困境。例如,以"撒切尔主义"为代表的新自由主义开始主导西方政坛,英国保守党等上台后开始推行福利制度的"社会化""市场化"改革,采取削减福利开支、减少税收、放松国家管制等措施,力图最大限度地激发经济活力,提高国家竞争力。但这些改革和措施仍无法从根本上消除公平和效率的尖锐冲突。尤其是最近三十年,随着世界形势和世界格局的变化,在资本的主导下,西方发达资本主义国家的福利国家体制又面临许多新的挑战。

（一）全球化的挑战

全球化是当前世界最为突出的时代特征。自20世纪80年代以来,全球化呈现加速发展的态势,并以前所未有的广度深刻地影响着世界各国的政治、经济、社会和文化。伴随着全球化的发展,"这个社会正在产生着地震似的冲击,破坏着从婚姻、家庭到民族国家以及其他我们熟悉的各种制度"[3]。进入全球化时代,随着资本、技术及人员等各项生产要素在世界范围内更自由地流动和配置,西方各国的福利制度模式面临着严峻的挑

---

[1] 基恩.公共生活与晚期资本主义.北京:社会科学文献出版社,1999:6.
[2] 哈贝马斯.合法化危机.上海:上海人民出版社,2000:83-85.
[3] 吉登斯.失控的世界.南昌:江西人民出版社,2000:82.

战。英国著名学者罗伯特·平克在《全球化时代的社会福利》中指出，"迄今为止，全球化对发达工业国家的福利状况的影响在很大程度上是负面的。而且，也很少有证据显示那些最贫穷的国家从不受约束的竞争的'滴露效应'中获益"[①]。萨米尔·阿明指出，全球化被认为是一个"铁笼"，迫使各国政府接受全球金融规则，严重限制了进步政策的范围，而且削弱了二战后福利国家依靠的社会力量。因此，西方国家的政府，不论在意识形态上有多大差别，但是在经济和福利政策上仍不断趋同[②]。全球化削弱了福利国家赖以生存和发展的政治、经济、社会和思想基础，弱化了福利国家传统政治、经济、社会和意识形态力量对社会不平等的制约，冲击了其内部的社会保护机制，破坏了福利国家内部业已建立起来的资本和劳工之间的阶级"妥协"与"合作"机制，弱化了福利国家的整体文化认同，引起了整个社会的日益分裂，造成了这些国家传统福利模式的危机，进而使福利国家模式面临走向终结的危险。

全球化首先表现为资本的全球扩张，其最突出的特征是资本和产品的全球自由流动。在全球化时代，国家自然疆域和主权对资本自由流动的束缚和制约不复存在，这就强化了资本固有的追逐利润最大化的动机，资本权力极度膨胀，在全球范围内形成了资本主导和资本强势。资本主导和资本强势至少在以下两个方面对西方福利制度造成了负面影响：

1. 国家权力和国家能力弱化

在全球化时代，由于资本支配经济和社会生活越来越多的方面，导致民族国家对世界经济和世界社会的依赖性越来越大，也越来越失去其对经济的宏观控制力量，越来越丧失自主性和处理事务的能力，进而严重地削弱民族国家的权力。英国学者苏珊·斯特兰奇指出，"世界市场的非人格化力量，在战后更多地同金融、产业、贸易领域内的私人企业结合在一起，而不是同政府决策结合在一起，它们现在比国家更强大……在国家主宰市场的许多关键领域里，现在是市场主宰了国家"，"随着技术变革及国

---

① 平克. 全球化时代的社会福利. 社会保障制度，2001 (8).

② AMIN S. The challenge of globalization: review of international political economy. New York: Oxford University Press, 1996: 178.

民经济加速与全球市场经济实现一体化,所有国家的政府,不论大国还是小国,强国还是弱国,都被削弱了。他们不能再管理国民经济,维持就业和持续的经济增长,避免国际收支失衡,控制利率和汇率……这不是它们的错,它们都是市场经济的牺牲品"①。约翰·格雷认为,"主权国家影响力降低是一个征兆,它表明,在现代的早期被国家机构集中的权力正在分散或削弱"②。

民族国家权力的弱化给福利国家模式和福利制度带来的负面影响是显而易见的。英国学者保罗·赫斯特和格雷厄姆·汤普森在《质疑全球化》一书中指出,"悲观地说,没有哪个领域比社会福利领域更受国际资本流动和贸易增加的影响了"。德国著名学者哈贝马斯在《超越民族国家?——论经济全球化的后果问题》一文中认为,不管从哪个角度,经济全球化都剥夺了凯恩斯国家干预的基础,使凯恩斯主义再也无法在一个国家范围内发挥作用,使"社会福利国家妥协面临终结","也许这种妥协绝对不是解决资本主义内部问题的理想方式,但是至少可以把社会代价维持在人们可以接受的界限之内"③。福利国家的高福利、高工资、高税收政策大大削弱了自身产品的国际竞争力和对资本的吸引力。为了尽可能降低成本,获取最大利润,资本在寻求投资对象的时候,会不顾它对母国或所在国的义务而自由流动。资本的这种全球化流动会影响主权国家的税源,因为当一个政府考虑到本国的积累水平、福利水准和就业保障而加重本地的税负的时候,资本就以撤离相威胁。福利国家的高工资、高税收、高劳动力成本都会使跨国资本外流,一方面造成福利国家的税源减少,财力外流,另一方面进一步拉高这些国家的失业率。结果是国家为了取得国际竞争优势地位必须向资本妥协。作为一种应对措施,西方国家希望通过引入外来劳动力来降低劳动力成本,但外来劳动力的大量涌入又对福利国家的社会再分配造成了直接影响,增加了福利国家在住房、医疗、失业救济和技能培训等方面的额外负担。索罗斯指出,"资本主义体系的全球化"使国家满足公

---

① STRANGE S. The retreat of the state. London: Cambridge University Press, 1996: 4.
② 格雷. 伪黎明——全球资本主义的幻象. 北京: 中国社会科学出版社, 2002: 89.
③ 贝克, 等. 全球化与政治. 北京: 中央编译出版社, 2000: 71-90.

民福利要求的能力受到了严重的损害，因为全球化使得资本能够更容易地逃税，并以转移资本相威胁，迫使国家降低税收，提供巨额补贴。此外，随着资本外移、国内失业率的增加和全球经济风险的增大，社会福利需求大幅增加。这一增一减，使福利国家的社会政策陷入"二律背反"的困境。索罗斯将这种情况概括为："全球化一方面要求国家（提供）更多的社会保障，一方面又削弱了它这样做的能力。这就播下了社会冲突的种子。"[1]

2. 劳工处境恶化，劳资关系进一步失衡

西方发达资本主义国家推行社会福利政策的一个重要目的是在国家、资本和劳工之间达成一种妥协与合作的关系，以求得在特殊的历史背景下实现社会的稳定和各阶级的大体整合。同时，国家、资本和劳工之间的这种合作与妥协关系也是经过早期工人阶级反对雇主无情剥削的长期斗争才形成的。二战以后，西方发达资本主义国家特别是西欧和北欧国家，为维护资本的整体利益和长远利益而推行经济民主和社会福利政策，使这些国家内部出现了"阶级妥协"和"阶级合作"。在此局面下，国家运用财政、货币和法律等手段，形成了对私人资本在一定程度上的有效制约，劳工团体和工会组织也利用劳资协议制度、共决制等"经济民主化"形式在某种程度上对资本形成了制约。这种国家、资本和劳工之间的权力平衡和相互制约，是福利国家存在和发展的政治基础。

在全球化进程中，国民经济在资本增殖过程中的作用被大大削弱，资本在全球范围内的自由流动，突破了民族国家和工会的限制，资本的权力迅速膨胀，而劳工和工会，相对资本来说较多地受制于民族国家的自然界限和各国的移民政策，其地位日益受到冲击和削弱。随着全球化的不断展开，各国的劳动者呈现分散化就业的态势，劳动力市场的"福特主义"向"后福特主义"的转变也使传统的大集中、大生产相对减少。科技革命带来的网络化也使人们的工作地点更为分散，工作的性质日趋个性化，加上失业人口的不断增加，使原来那些大批标准而熟练的劳工群体呈现松散化

---

[1] 王列，杨学东. 全球化与世界. 北京：中央编译出版社，1998：261.

与零碎化分布的趋势,这无疑会使原来在工人阶级之间建立的亲密的利益纽带松散下来。再加上外国移民的增加,部分时制和临时制工人的增加更加使工会的代表性受到质疑。劳动力流动性的加强也使得工会组织日益松散。以社会公正为目标的工会的合法性甚至其存在的意义都受到了质疑。工会组织的弱化导致其与雇主及国家的谈判能力下降,工人作为一种集体化的力量便显得越来越难以组织起来与强大的资本相抗衡。这些都助长了资本日益强大的态势。国家和劳工逐渐丧失对资本的约束和与资本"讨价还价"的能力。例如在德国,虽然在全国性的行业中也设有工会组织,但阶级立场的要求使其性质发生变化,导致工会在传统集体谈判中的作用受到很大限制。工会与政府、雇主联盟的制度性对话被逐层分解,原来在国家层次上的谈判具有明显的向下移动的倾向,也就是说,把原来的劳资双方契约谈判从国家这个层面下移到行业、部门、公司,甚至最后只发生在个别的劳资关系互动中[1]。不仅如此,福利国家的广大劳工还持续面临失业的威胁。贝克认为,新经济时代全球资本的新劳动生产率法则就是:"数量越来越少的、受过良好的高等教育,可以在全球范围内流动的人们却可以创造出越来越多的效益和服务。经济增长不再保证失业率的减少,而是相反,要以劳动岗位的减少为前提——这就是高失业率的增长。"[2] 约翰·格雷认为,经济全球化进程中国家主权的衰落和劳工和工会地位的下降已经成为经济全球化负面作用的突出标志。吉登斯指出,在出现全球化趋势,特别是信息技术飞速发展之前,"福利国家基本上是劳资双方之间阶级力量的一种平衡",但 20 世纪 70 年代以来,"由于全球化的不断强化,资本的流动性使劳工被远远抛在后面,打破了劳资这一平衡,而这一平衡改变,使政治上的组合越来越多地偏离阶级间的划分,福利国家受到巨大压力"[3]。正如 1997 年西欧 10 国社会民主党的理论和政策研究机构出版的论文集序言中所说:面临全球化的挑战,社会民主主义的传统范式即"以凯恩斯主义福利国家模式为基础,提倡充分就业,扩展社会公正,谋求资

---

[1] 郑秉文.全球化对欧洲合作主义福利国家的挑战.世界经济,2002(6).
[2] 贝克.没有劳动的资本主义//张世鹏,殷叙彝.全球化时代的资本主义.北京:中央编译出版社,1998:122.
[3] 吉登斯,皮尔森.现代性.北京:新华出版社,2001:38.

本与劳动之间的一种平衡，那样的日子已经一去不复返了"①。

西方资本主义把"冷战"的结束视为自由竞争的市场资本主义最终获得胜利的表现。索罗斯认为，伴随着经济全球化的发展，将是"全球资本主义体系"的扩张②。全球化浪潮既是自由资本主义扩张的原因，也是自由资本主义扩张的结果，在二者的相互促进中，西方福利模式加速走向没落。

（二）新自由主义思潮的影响

在全球化时代，与资本扩张同步，在世界范围内风行的新自由主义思潮，瓦解了福利国家传统的社会意识，使这些国家的社会心理和社会价值取向发生了巨大的改变。

二战以后，主要西方发达资本主义国家通过社会福利的再分配功能和经济发展过程中的"民主化"形式，成功地缓解了资产阶级和工人阶级之间的矛盾，构建了一种社会团结互助的"整体化"意识状态。国家范围内的社会价值认同（也称为"社会团结"），是这些国家内各种利益集团经过长期的相互影响达成的一种社会价值认同和社会主流意识。欧洲早期的社会民主主义要求通过累进所得制实现收入均等和社会和谐，但也不得不给予经济发展和经济效益足够的重视；自由主义虽然信奉个人的价值和权利，但是也不愿意看到弱肉强食的"丛林规则"危及社会的稳定。这几乎成为西方政治的潜在规则，任何一个政党在执政期间都努力使自己的社会价值观念体现在社会政策中，同时也不得不延续上届政府的某些理念，结果政府的社会政策中沉淀了多种利益，但这是以国家这个政治共同体为前提的。在经济全球化进程中，由于国家政治共同体地位的下降，也由于全球经济竞争的需要和资本剩余价值最大化的本性需求，这些共同的价值标准被无情地破坏了，由此传统社会意识、社会心理和社会价值取向产生了极大改变③。索罗斯指出，每一个封闭性的社会都需要某种共同的价值观

---

① 迈尔. 社会民主主义的转型：走向二十一世纪的社会民主党. 北京：北京大学出版社，2001：19-20.
② 王列，杨学东. 全球化与世界. 北京：中央编译出版社，1998：261.
③ 周弘. 社会保障制度能否全球化. 世界经济，2002（8）.

念以维系社会的存在。但在开放性的社会中,"市场价值观念本身不能满足这一要求,因为它展现的只是市场参与者在自由交换中的愿望。市场把一切东西,包括人类和自然在内,都降低为商品……除去市场外,社会还需要有一些制度去满足这样一些社会目标,如政治自由和社会正义。在每个国家内部都存在着这种制度,但在国际社会中却没有。全球社会的发展已经落后于全球经济的发展,如果我们不把这一鸿沟填平,全球资本主义体系就无法继续存在"[①]。20世纪70年代中期以来,随着全球化的加速发展和"福利国家危机"的出现,作为19世纪古典自由主义的当代形态,新自由主义思潮开始兴起。新自由主义是新自由主义思潮对市场化、私有化和经济自由化的推崇,直接导致了战后福利国家多年以来形成的"福利共识"的瓦解。

　　1944年出版的哈耶克的《通向奴役之路》和1957年出版的哈罗德的《来自竞争的繁荣》,是新自由主义的代表作。哈耶克最早对福利国家进行了尖锐批判。在他看来,福利国家的干预政策必然导致了国家权力无限制的扩张,从而侵害了公民的自由和人权,因此,福利国家的道路是一条"通往奴役之路"。20世纪70年代,福利国家受到了新自由主义者在理论上的猛烈批判。诺齐克抨击福利国家的再分配政策,认为它侵犯了公民的平等权利,主张建立一种不超出保护职能的"最弱意义上的国家"[②]。弗里德曼、布坎南等人依据不同的经济学原理,从不同角度对新自由主义做了进一步的发展,使新自由主义逐渐成为主导当代西方社会的显学和主流意识形态。弗里德曼基于其货币理论,反对一切国家干预,主张重归自由放任的市场经济模式[③]。吉登斯在《左派瘫痪之后》一文中指出,"没有哪个问题比福利国家更泾渭分明地把社会民主党人和新自由主义者区别开来的了。对前者来说,一套发展完善的福利体制是一个公正体面而人道的社会的基石;而对后者来说,福利制度则是企业的敌人、公民秩序衰败的原因"[④]。

　　新自由主义直接推动了20世纪80年代西方发达资本主义国家的私有

---

① 王列,杨学东. 全球化与世界. 北京:中央编译出版社,1998:261.
② 诺齐克. 无政府、国家与乌托邦. 北京:中国社会科学出版社,1989:35-36.
③ 弗里德曼. 资本主义与自由. 北京:商务印书馆,1999:6.
④ 杨雪冬,薛晓源. "第三条道路"与新的理论. 北京:社会科学文献出版社,2000:67.

化浪潮。经由"撒切尔主义""里根主义",20世纪80年代后期,新自由主义推出了其典型的意识形态——"华盛顿共识"。"华盛顿共识"的核心理念是反对福利国家,强调市场的唯一性,推崇私有化,这也是所有新自由主义理论最基本的也是最为鲜明的特征。在新自由主义者看来,以个人自由为基础的私人企业制度和自由市场制度是迄今为止所能选择的最好制度。他们坚持认为,国家对经济的过多干预,忽略了市场的能动作用,也妨碍了个人的自我实现和个人自由,因而是一条通向集权主义的奴役之路,是"一切罪恶的源泉"[1]。新自由主义者宣称,在经济全球化的背景下,伴随着资本等生产要素的全球自由流动,社会福利国家已经过时,在世界范围内比较,它的代价"过分昂贵",已经成为"未来的威胁"。因而,在世界范围内社会不平等的扩大将是"不可避免的",每个人都"必须做出牺牲"[2]。"那么,在福利国家垮掉之后,由谁来提供福利呢?答案是市场引导的经济增长。福利不应当被理解为国家的救济,而应当被理解为最大化的经济增长以及由此带来的总体财富,而做到这一切的唯一办法就是让市场自己去创造奇迹。"[3]这里的潜台词就是,怎么"分蛋糕"不重要,重要的是把蛋糕做大,而且只有通过完全自由竞争的市场才能把蛋糕做大。

新自由主义思潮的盛行和"华盛顿共识"的提出,直接导致了战后欧洲"福利国家"观念的解体:"在全世界绝大多数政治领导力量的观念中——首先是在富裕国家中——维持社会福利国家意味着经济竞争力的丧失。"[4]"削减国家开支、降低工资、取消社会福利,从瑞典、奥地利直至西班牙,这个纲领到处都成为各国政府政策的核心。"[5]里斯本小组指出,任何对福利的削减都是基于这样一个信念:对工资成本和与之相联系的社会福利开支的削减幅度越大,就越能更好地增强竞争能力和进行反对失业

---

[1] 吉登斯. 第三条道路——社会民主主义的复兴. 北京:北京大学出版社,2000:37-38.
[2] 马丁,舒曼. 全球化陷阱——对民主和福利的进攻. 北京:中央编译出版社,2001:8.
[3] 同[1]38-39.
[4] 里斯本小组. 竞争的极限:经济全球化与人类的未来. 北京:中央编译出版社,2000:65.
[5] 同[2]9.

的斗争。

经济全球化的加速发展和新自由主义的猛烈攻击，对欧洲社会民主党和"左派"政治势力造成了极大的触动，促使其经济和社会政策开始"右转"，并由此终结了战后以来建立在"福利共识"基础上的欧洲"共识政治"。正如吉登斯指出的那样，"到本世纪70年代末期在工业化国家占据主导地位的'福利共识'"瓦解了，马克思主义的信誉受到质疑，"只有在社会民主党人愿意比以往任何时候都更加彻底地修正他们的既有观念的情况下，社会民主才可能存在并发展下去"[1]。

与新自由主义相呼应，当前西方社会出现的"极端个人主义"思潮也开始大行其道，并在社会认同的层面直接冲击着"福利国家"的观念基础和集体抗御风险的施政理念，引发了对福利国家合法性的质疑，导致了福利国家的思想危机和政治危机。结合德国的实际，德国前总理施密特认为，在经济全球化进程中，西欧已经成为一个充满"恐惧"和道德走向"瓦解"的大陆。施密特不无忧虑地指出，"在人们针对他人做决定的场合，譬如公共领域，道德却正在走向瓦解。在我们这个社会的边缘和某些角落，肆无忌惮的利己主义、私欲和贪婪正以前所未有之势蔓延"，"公共利益、博爱、团结、义务思想和责任观念都是过时了的理想，人人都应当以自我为中心，公共利益只是一种空话"[2]。西方许多学者提出警告，西方国家的价值观危机、极端的利己主义将最终毁掉福利国家。美国《纽约时报》评论认为，在新自由主义价值观的掩护下，"精英阶层"奉行自私自利的经济制度，社会底层民众却在经济和政治上孤立无援，在劳资关系中资本的力量得到了强化，两个阶层的对立诱发了西方国家的社会骚乱。

（三）人口老龄化的威胁

人口老龄化是指某一人口总体中老年（65岁及以上）人口的比重逐渐增加的过程。根据国际标准，一个国家或地区65岁以上人口占总人口的

---

[1] 吉登斯. 第三条道路——社会民主主义的复兴. 北京：北京大学出版社，2000：38-39.
[2] 施密特. 全球化与道德重建. 北京：社会科学文献出版社，2001：76，85.

7%以上就已进入人口老龄化，达到14%为深度老龄化，达到20%为超级老龄化。近几十年以来，西方国家人口老龄化趋势明显。以美国为例，截至2016年，美国65岁以上老龄人口占总人口的17.4%，是典型的老龄化社会。美国社会人口老龄化的一个显著标志是，2009年至2013年，美国婴儿纸尿裤销售额下降了8%，而失禁成年人产品销售额增长了20%。美国还不是老龄化程度最严重的西方国家。2015年，日本65岁以上人口占26.7%，意大利22.4%，德国21.2%。美国的老龄化对福利制度的主要威胁表现在：

一是老龄人口数量不断增多，养老保险制度面临挑战。美国的社会安全福利金是老年人社会保障体系中的重要组成部分，这是由1935年美国的《社会安全法案》及其以后的许多修正案所规定的。此法案规定老年人65岁退休时，可以从联邦政府领取全额的社会安全福利金，其家属也可以得到适当的补助。随着"婴儿潮"一代人逐渐步入老龄阶段，美国的老年人口比重不断增加。据预测，到2030年美国65岁以上人口将占到总人口的30%。2017年初，美联储主席耶伦指出，美国人口老龄化导致劳动参与率正在下降。老龄人口的增多，意味着退休金和健康投入的增加，社会公共服务与财政支出面临着更大压力。具体来说，随着老龄化的加剧和老年人口的增多，美国社会养老的压力也变得越来越大，支付越来越多的老年人的社会保险基金的风险也会加大。以社会安全福利金为例，其完全来源于全社会的工作人员在工作期间所缴纳的保险基金。在二战结束时，此种社会安全制度刚刚建立10年，当时平均42个劳动力在为一个65岁以上的老人支付养老金；现在则变成了3个劳动力为一个65岁以上的老人支付养老金，预计到2030年平均只有两个劳动力养活一个65岁以上的老人。美国养老保障制度的特点，使人口结构成为影响养老保障体系能否正常运行的重要因素。当在职人员多于退休人员的时候，这一体系运行顺利。随着老龄人口的增加，领取养老保险金的人数也会逐渐增多，而经济复苏缓慢，就业人口不升反降，纳税人口随之减少，造成美国社保资金缺口扩大，社会养老保障体系面临严峻挑战。

二是高龄老龄人口增多，医疗费用支出庞大。20世纪90年代，美国联邦预算中有1/3用于65岁以上的老年人，全国医疗支出中，用于老年人的占 1/3。2000 年美国人均寿命就已经达到 77 岁。人均寿命的延长使美国高龄老年人口不断增多，有资格享受老年人医疗服务的人员相应增加，政府医疗支出也在不断膨胀。美国政府投入的医疗保险与医疗救助主要是针对老年人口和贫困人口的。美国老龄人口中患糖尿病、心脏病等慢性疾病者占很大比例。据统计，这两种疾病占据了大约 80%的美国医疗资源。另外，由于美国没有建立全覆盖的医保体系，一些弱势群体享受不到医疗保障，只能自行购买商业保险，或者干脆就没有任何医疗保险。美国针对老人和贫穷者的医疗保险与医疗救助，以及由雇主与雇员共同支付的商业医疗保险，覆盖不到多数兼职者、体力劳动者、移民以及绝大多数女性雇员。

三是老龄照料服务机构供不应求，针对老年人的基础设施和公共服务设施严重欠缺。美国人虽然喜欢独立，但是基于健康以及服务需求等方面的原因，仍有 40%的老人居住在养老机构。养老机构资源分配不均衡导致高质量服务机构供不应求现象较为普遍，一些设施条件好的照料服务机构，都需要预约登记。老年人基本要等候 2~3 年才能入住，有的甚至要等上 4~5 年。一些社会基础设施和公共服务，如交通、住房、公共设施建设等还不能满足老年人的特殊需求[①]。

（四）世界格局变化的影响

回顾历史，社会福利并不是西方"富起来"以后的一种天然的副产品，而是在资本主义发展的特定历史时期，资本主义国家为了应对社会主义运动的高涨、维护社会稳定、巩固统治阶级统治秩序而不得不做出的一种妥协，是广大民众不懈斗争的产物。在德国"铁血宰相"俾斯麦看来，构建社会福利体系是"一种消除革命的投资"。他声称光凭"大棒政策"难以实现资本主义的长治久安，"社会弊病的医治，一定不能仅仅依靠对社会民主党过火行为的镇压，而是要积极促进工人阶级的福利"，"一个期待养老金的人是最安分守己的，也是最容易被统治的"[②]。英国保守党的领

[①] 付军辉，付国浩. 美国应对人口老龄化的经验与面临挑战. 中国信息报，2011-11-28.
[②] 郑秉文，和春雷. 社会保障分析导论. 北京：法律出版社，2001：9.

导人巴尔福在 1895 年的大选中宣称,"在我看来,社会立法不仅不同于社会主义立法,而且是它的对立物和最有效的解毒药"①。欧美国家开始系统性地建立社会保障,是在 20 世纪 30 年代大萧条时期,其首要目的是维护政治稳定,防止革命运动的出现。当然,这些措施也在客观上对缓解资本主义经济危机起到了有利的作用。二战以后,为了对抗蓬勃发展的社会主义,维持资本主义秩序的稳定,西方国家的现代社会保障更是在各个方面得到了完善和发展。因此,这段时间西方国家的福利制度在某种程度上来说是对苏联等国家的社会主义(共产主义)制度的一种应对,或者说,共产主义制度的威胁,是资本主义福利国家制度得以产生和维持的重要原因。正是在以苏联为首的社会主义阵营和以美国为首的资本主义阵营的对抗中,西方福利国家得以迅速发展。吉登斯认为,对西方国家来说,"国家创立公民权和福利项目的主要目的就是拉拢人民并获取他们的支持"②,从而"驱散社会主义的威胁"③。美国著名经济学家莱斯特·瑟罗指出:"如果资本主义制度没有遭到内部无产阶级革命的潜在威胁和外部共产主义制度的竞争压力,福利制度就不会发生。"④ 德国学者弗兰茨·克萨韦尔·考夫曼也说:"过去,东西方的制度竞争,无疑促使经济发展的受益者愿意接受社会福利国家对其获利机会的限制。"⑤ 但是,苏东剧变之后,"弱肉强食"式的资本主义既摆脱了外部的制度压力,又挣脱了内部传统福利国家制度的约束,资本的本性再次暴露,回归到符合其本性的发展轨道,出于对利润的无尽追求而持续向外扩张,不断挤压劳工的利益空间。

随着"自由市场体系"在全球范围的扩张,西方社会福利制度模式遇到前所未有的挫折。处于经济全球化时代的西方国家,由于不再着重依赖本国的"劳动者"和"消费者",进而也就削减了对社会福利制度的持续投入,西方的社会福利制度越来越沦落为"兜底线"的政策工具,越来越滑向只能为最弱势群体提供基本保障的水平,陷入左右为难的困境。2002

---

① 李琮. 西欧社会保障制度. 北京:中国社会科学出版社,1989:29.
② 吉登斯. 第三条道路——社会民主主义的复兴. 北京:北京大学出版社,2000:75.
③ 同②115.
④ 瑟罗. 资本主义的未来. 北京:中国社会科学出版社,1998:4.
⑤ 考夫曼. 社会福利国家面临的挑战. 北京:商务印书馆,2004:4-5.

年，美国《新闻周刊》甚至宣告，福利国家已经在斯德哥尔摩死亡。

西方福利制度的危机根源于资本主义的基本矛盾，可以说是"病入膏肓"。20世纪90年代，布莱尔、克林顿主张并推行得轰轰烈烈的"第三条道路"也只是一时"治标"，而不可能"治本"。因为号称超越"左"与右的"第三条道路"，也不过是在资本主义制度本身范围内的改良和局部调整，其力度甚至还不如西方福利制度的建立对资本主义制度的调整来得大。当前西方福利国家的社会困境，不过是在经济全球化背景下资本主义制度的根本危机在不同领域、不同阶段的表现形式，从根本上来说，是资本主义基本矛盾在当前阶段社会领域的反映。哈贝马斯认为，在晚期资本主义社会，由于实行国家资本主义和福利政策，资本主义的潜在危机被置换到了国家当中。因此，经济危机的倾向现在很可能累积为国家的财政危机，而很少表现为大规模的经济崩溃[1]。这就是说，西方福利制度试图通过国家来转移甚至消除资本主义经济危机。但是，福利国家又不能与资本主义共存，因为福利国家的运作结果越来越破坏了资本主义赖以存在的基础，使资本主义的存在变得不可能。"福利国家矛盾的秘密在于：尽管它对资本主义积累的影响是破坏性的，然而废除它的结果则是毁灭性的。福利国家的矛盾在于：资本主义不可能'与'福利国家同时存在，然而，资本主义又'不能'没有福利国家。"[2] 面对持续扩大的收入差距和其他各种社会矛盾，自身日薄西山的福利制度已经无能为力。正如英国费边社在其论文集《福利国家的未来》中所指出的，当前国家统一组织社会福利的制度已经失败，失败的主要原因不在于福利国家本身，而在于第一次分配的不平等。因为福利国家制度是"附加在一个已经不平等的社会之上，这些不平等，通过权力和机会的差别，已经决定了资源的分配"。马克思指出，"只要资本的力量还薄弱，它本身就还要在以往的或随着资本的出现而正在消逝的生产方式中寻找拐杖。而一旦资本感到自己强大起来，它就抛开这种拐杖，按它自己的规律运动"[3]。西方福利制度就是这样一副拐杖，它

---

[1] 哈贝马斯. 合法化危机. 上海：上海人民出版社，2000：83.

[2] OFFE C. Contradictions of the welfare state. London: Hutchinson and Co. Publishers Ltd., 1984: 153.

[3] 马克思，恩格斯. 马克思恩格斯全集：第46卷（下）. 北京：人民出版社，1980：160.

并不能决定西方国家的根本立场和发展方向，因而无法从根本上抑制资本主义社会贫富分化的趋势，消除社会不公平和其他各种社会病症。西方国家要根治这些社会病症，摆脱当前的社会困境，唯有克服资本的主导，改变资本主义制度本身。

第六章

资本主导下的文化困境

西方的现代化征程，是资本逻辑主导下的历史进程。资本逻辑推动下的西方式现代化，形成了文化思维上的坚持"主客二分"、文化主张上的推崇个人自由和文化态度上的倾向文化扩张，这些文化现象逐渐成为西方文化困境的重要标识。具体而言，资本主导下逐渐形成并一经形成就坚持遵循的"主客二分"的文化思维坚持"以我为主"，容易制造主客之间、主体之间的矛盾；资本逻辑在推崇资本地位与作用的同时追求个人自由，这种自由主义的文化主张，导致忽视"他者"的现象经常发生；资本主导下的文化追求不断地扩张和普及，容易在对其他文化的侵袭中导致文明冲突。

更重要的是，尽管文化产业化能够仰赖资本的优势而有惊人的成就，但是精神文化生活的困境，却成为西方现代化无法走出的"黑暗胡同"。这里，我们集中从精神文化生活困境的维度揭示资本主导下的西方文化困境。

马克思恩格斯在《共产党宣言》中，曾经高度肯定资本的"革命性作用"和现代文明价值。当然，这种积极作用主要表现在物质层面。透过马克思恩格斯肯定资本文明在破除封建传统关系、推动生产力发展和促进全球化的进展等方面的正向价值，我们看到资本逻辑在推进精神文明、促进人们精神文化生活品质的提高与真正实现人本身的尊严和价值等方面，并没有取得有影响力和说服力的成绩，而且似乎显得一筹莫展。

谁也无法否认，在资本逻辑的运行过程中，物质文明的高速发展并没有相应地带来精神世界的丰富、精神生活的充实和精神文化的繁荣。马克思曾用"物的世界的**增值**同人的世界的**贬值**成正比"①"物质力量成为有智慧的生命,而人的生命则化为愚钝的物质力量"②等论断,深刻地揭示了现代性实践的这种单向度发展。马尔库塞和弗洛姆也借助于弗洛伊德的精神分析理论和马克思的历史唯物论,深刻揭示了现代化对人们的精神文化的冲击和对心灵生活的压抑,并从艺术审美和爱欲解放、社会改良和性格结构变革等不同维度,探寻破解现代性困境的方法。

资本主导下的现代性实践,呈现"单向度"的特征:与意义失落、价值坍塌、信念缺失等精神文化的深层危机相对应的是工具理性、消费主义、个人主义、功利主义、享乐主义等浅层文化的盛行;名、权、钱成为定义成功的主要因素;人们的精神文化生活质量呈现出明显的下降趋势;追求占有的物化生存方式成为世俗化时代的主流生活观念,精神文化的虚无主义取向兴起。

一、 资本主导下的精神文化总问题: 欲望的主宰与感性至上原则

在资本逻辑的主导下,从农业文明转向工业文明、从传统社会走向现代社会的现代化运动,无疑是当今时代浩浩荡荡不可阻挡的历史潮流。以市场经济、民主政治、自由文化和公民社会等为支撑的现代化,推动了经济发展和社会历史进步,并在从传统向现代的转变中极大地改变了人们的现实世界。

现代性是现代化的理论表达。概而言之,现代性有两大维度,即外在的制度性维度和内在的精神性维度。在现代化道路的探索中,经过实践检验有效的手段或措施,经过理性概括提炼,积淀而成外在的制度性维度。内在的精神性维度则主要映射人的精神世界、精神生活和精神文化。有关现代性的诸多问题,如生态问题、核危机问题、经济危机问题、政治隐性腐败问题、文化殖民问题、道德和信任危机问题等,构成现代性的问题域。从现代性的两大维度来审视现代性问题,外在的制度性维度成就较大

---

① 马克思,恩格斯.马克思恩格斯选集:第1卷.北京:人民出版社,1995:40.
② 同①775.

且取得了一定的共识,而内在的精神性维度则成为一个问题重重的领域。

现代性问题域中的突出问题集中于内在的精神性维度,而该维度的问题进一步聚焦为,传统超越性价值失落之后,欲望的主宰和感性至上原则成为现代性精神生活的主流。

在从传统社会到现代社会的转型过程中,人们所依赖的超越性价值有如黑格尔所指出的,经不起理性的推敲:人们发现,"'圣饼'不过是面粉所做,'圣骸'只是死人的骨头","'正义'和'道德'开始被认为在人类现实的'意志'中有它的基础","'精神'自己的内容在自由的现实中被理解",理性代替宗教信仰成了"绝对的标准"[1]。在提供超越性价值支撑方面,传统中国文化的道德崇拜发挥着与传统西方文化中的宗教信仰基本类似的功能。在现代化的进程中,无论是宗教信仰还是道德崇拜都随着理性的扩展而日渐衰落。对于传统道德与宗教的关系,泰勒认为:"早期的道德观点认为,与某个源头——比如说,上帝或善的理念——保持接触对于完整存在是至关重要的。"[2] 在现代化的过程中,依赖宗教的道德观念日益感性化了,卢梭在其《漫步遐想》中就经常把道德问题表述为我们遵从自身本性的声音的问题,将"存在之感受"看成是幸福的尺度。哈贝马斯明确地提出,现代性的话语,虽自18世纪末以来,名称一直不断翻新,但却有一个主题,即社会整合力量的衰退、个体化和断裂。简言之,就是片面的合理化的日常实践的畸形化,这种畸形化突出了对宗教统一力量的替代物的需求[3]。也就是说,随着社会整合力量的衰退、个体化和断裂,宗教日益丧失其在传统社会所能发挥的超越性价值的功能。对于这一问题,尼采曾经用"上帝死了"这一惊人论断清晰明确地表达了他对传统的超越性价值正在失落的洞见以及对它毫不留情的揭露。

伴随着传统超越性价值失落而来的,是人类日益成为欲望的奴隶,感性至上原则代替超越性价值成为衡量存在的标准。英国著名社会学家吉登斯侧重于从社会制度结构层面研究现代性问题,但他也注意到:"现代性

---

[1] 黑格尔. 历史哲学. 上海:上海书店出版社,1999:452-453.
[2] 泰勒. 现代性的隐忧. 北京:中央编译出版社,2001:30.
[3] 哈贝马斯. 现代性的哲学话语. 南京:译林出版社,2011.

背景下，个人的无意义感，即那种觉得生活没有提供任何有价值的东西的感受，成为根本性的心理问题。"① 这种现代性的心理问题，突出了一个现代化实践过程中的一个价值性悖论，即人被尘世欲望和圣洁精神所撕裂："一个沉溺在强烈的爱欲当中，以固执的官能紧贴凡尘；一个则强要脱离尘世，飞向崇高的先人的灵境。"② 舍勒曾经感慨，在现代性社会中，世界不再是精神的有机的"家园"，"而是冷静计算的对象和工作进取的对象，世界不再是爱和冥思的对象，而是计算和工作的对象"③。也就是说，世界逐渐成为人满足自身感性欲望的工具。

如何看待在现代性的内在精神性维度出现的欲望主宰和感性至上原则？韦伯比较客观地揭示了这些问题："我们这个时代，……那些终极的、最高贵的价值，已从公共生活中销声匿迹。"④ 而法国社会学家迪尔凯姆从两个方面揭示了现代性的道德困境，他在深入研究欧洲19世纪工业化对社会道德的影响后发现：一方面，传统道德权威阻碍了新道德体系的孕育、产生；另一方面，传统道德权威的逐渐失灵，又导致了社会"失范"现象。奥伊肯明确地批判这种现代性文化现象，他认为，将人生置于感觉的基础之上，奉行感性至上的原则，"不仅宗教在劫难逃，一切道德和正义也同样要毁灭"，人就"不能接受内在的友谊，不能接受互爱和尊重，无法抵制自然本能的命令，人们的行动受一种主导思想即自我保存的影响，这一动机使他们卷入越来越冷酷无情的竞争，无法以任何方式导致心灵的幸福"⑤。实际上，黑格尔在批判伊壁鸠鲁的快乐至上的道德原则时，也对这一现代性问题表达了深深的担忧："如果感觉、愉快和不愉快可以成为衡量正义、善良、真实的标准，可以衡量什么应当是人生的目的的标准，那么，真正说来，道德学就被取消，或者说，道德的原则事实上也就成了一个不道德的原则了；——我们相信，如果这样，一切任意妄为将通行无

---

① 吉登斯. 现代性与自我认同. 北京：三联书店，1998：9.
② 歌德. 浮士德. 上海：复旦大学出版社，1983：58.
③ 刘小枫. 现代性社会理论绪论：现代性与现代中国. 上海：上海三联书店，1998：20.
④ 韦伯. 学术与政治. 北京：三联书店，1998：48.
⑤ 奥伊肯. 生活的意义与价值. 上海：上海译文出版社，1997：21，23.

阻。"① 在资本逻辑的主导下，由欲望和感性至上原则导致的现代性问题，成为西方一些现代思想家批判的主要对象。

二、资本逻辑吞噬精神文化的"重重黑洞"

资本逻辑滋生的财富崇拜、对物质的欲望使资本主义国家无暇顾及精神追求，阻滞了精神文化的发展，对精神境界的提升形成了层层阻碍。

其一，工具理性与意识形态联合钳制精神文化的价值。理性是一个充满争议的范畴。理性作为一种思维方式与行为取向，主要可以分为三类：在主体与客体之间处理手段与目标关系的工具理性，以某种道德理想与生活方式为规则根据的价值理性，通过合理程序与沟通协商达到价值共识的交往理性。

资本逻辑主导下的西方现代化进程，在科学技术支撑下，以工业化与信息化为主体内容的现代化，凸显了工具理性的统治地位。对此，伽达默尔深刻地指出："我们的时代受日益增长着的社会合理化以及主宰这一合理化的科学技术的制约。"② 工具理性与意识形态联合起来取得"话语霸权"，以控制思想与影响行为，也是现代化进程中出现的新现象。意识形态作为一种不同于科学意识的价值意识，主要是代表统治阶级的利益发挥意识管理的作用。值得注意的是，工具理性也开始发挥意识形态的某些功能，并有滑向意识形态的可能。对此，马尔库塞曾明确做出"技术理性这个概念也许本身就是意识形态的"的论断，哈贝马斯也在《作为"意识形态"的技术与科学》一书中，论证并强调了现实生活中科学技术成为意识形态的合理性特征及其至高无上的现实地位。

在工具理性和意识形态的联合冲击下，貌似自由的思想行为受到无形的控制，精神文化的价值被极度贬低，并被逐渐驱逐到边缘化的位置。

其二，消费逻辑与大众文化冲击文化品位。资本逻辑加速了生产和消费的节奏。20世纪60年代以来，伴随着消费逻辑日益深入地影响人们的

---

① 黑格尔.哲学史讲演录：第3卷.北京：商务印书馆，1959：73.
② 伽达默尔.真理与方法：哲学诠释学的基本特征.上海：上海译文出版社，1999：5.

日常生活与精神世界，西方兴起关于消费社会的理论研究。在波德里亚看来，"一切都由这一逻辑（消费逻辑）决定着，这不仅在于一切功能、一切需求都被具体化、被操纵为利益的话语，还在于一个更为深刻的方面，即一切都被戏剧化了，也就是说，被展现、挑动，被编排为形象、符号和可消费的范型"①。消费逻辑导致两个重要后果，一是造成消费者不是"为了使用的需要而消费"，而是"为了消费的需要而消费"。"就像商品逻辑使得商品的交换价值从商品的使用价值分离开来，消费逻辑也使得商品的消费价值从商品的使用价值分离开来，商品的消费不再是为了使用的需要而消费，而是为了消费的需要而消费，因而，消费的社会逻辑不再是'商品满足使用需要'这样的逻辑，而是'商品之制造与销售之广告操纵'这样的逻辑"②。二是在消费逻辑中，企业不再局限于仅仅通过普遍的市场调查掌握大众的消费心理，而是通过铺天盖地的广告等媒介手段膨胀人们的消费欲求。为了盈利，甚至还通过制造虚假需求误导人们的消费倾向。

伴随着从以企业为主导的生产逻辑向以大众消费者为主导的消费逻辑的转变，适应大众需要的大众文化与流行文化也开始盛行起来。大众文化与精致文化相对，席尔斯把文化区分为精致文化（refined culture）、平凡文化（mediocre culture）、粗俗（感官）文化（brutal culture）。许多人依据这一划分，直接把平凡文化、粗俗文化、通俗文化（popular culture）等统称为"大众文化"。在消费逻辑的深层影响下，西方在资本积累早期的以生产资料为主的生产，逐渐转向大众生活资料生产。随之而起的大众消费逻辑，借助于数字化、网络化等信息技术革命的工具，操纵大众文化、控制大众心理。值得注意的是，处于商业化本质与工业化生产的现代文化中的大众文化本身，也演变成了由资本逻辑与市场逻辑决定的文化工业。代替意义、规范等符号的是愈来愈多、各式各样无意义的文化符号，这些无意义的文化符号被制造出来并充斥在文化市场上，严重冲击着精英文化引领时代精神的地位与功能。

其三，新自由主义对提高精神文化质量问题的忽视。新自由主义是古

---

① 波德里亚.消费社会.南京：南京大学出版社，2000：224.
② 杭之.一苇集.北京：三联书店，1991：154.

典自由主义和凯恩斯主义的综合。《新自由主义和全球秩序》一书的作者诺姆·乔姆斯基认为:"'新自由主义',顾名思义,是在古典自由主义思想的基础上建立起来的一个新的理论体系,亚当·斯密被认为是其创始人。该理论体系也被称为'华盛顿共识',包含了一些有关全球秩序方面的内容。……所谓'华盛顿共识',指的是以市场为导向的一系列理论,它们由美国政府及其控制的国际组织所制定,并由它们通过各种方式实施——在经济脆弱的国家,这些理论经常用作严厉的结构调整方案。其基本原则简单地说就是:贸易自由化、价格市场化和私有化。"① 显然,这样继续强调资本逻辑的新自由主义,对提高人们精神文化生活质量不会带来什么积极的影响。

其四,资本逻辑主导的现代化无法避免文明的冲突。1993年夏季号的美国《外交》季刊发表了美国著名政治学者塞缪尔·亨廷顿的文章《文明的冲突》。1996年,塞缪尔·亨廷顿又出版了《文明的冲突与世界秩序的重建》,完整系统地阐述了自己的"文明冲突论"。塞缪尔·亨廷顿的"文明冲突论"试图为人们认识冷战后的新的世界格局提供一种视角,这种视角主要就是从文化或者文明的角度审视不同国家或地区的冲突。亨廷顿认为,冷战后国家间的冲突,不再以经济为主,而是转移到文明层面;主要冲突不会是民族国家间的,而是不同的信仰之间的、跨越国界的。他区分了当今世界上现存的八种文明:(1) 西方的基督教文明;(2) 中国的儒教文明;(3) 日本文明;(4) 伊斯兰文明;(5) 印度教文明;(6) 斯拉夫的东正教文明;(7) 拉丁美洲文明;(8) 非洲文明。他从三种对世界影响较大的文明出发,为未来世界勾勒了一幅令人不安的图景:伊斯兰文明有可能与儒教文明联手对抗西方的基督教文明,由此引起的不同文明之间的冲突可能导致大规模毁灭性武器的滥用并最终演变成全球性战争。

亨廷顿将"文明"定义为"文化的实体",实际上主要是从信仰的角度划分文明。他所描述的"文明的冲突",表明他看到了西方在把现代化教给世界之后,西方人口在世界总人口中的比例越来越小,也显示了西方对潜在敌人的忧虑、恐惧。这种论调离开物质利益和经贸纷争,把冲突的

---

① 乔姆斯基. 新自由主义和全球秩序. 南京:江苏人民出版社,2000:3.

根源归于不同的信仰，显得有些舍本逐末。实际上，在鼓动这种文明冲突的背后，仍然有资本逻辑及其带来的高度发达的物质文明的潜在支持，至少为西方文明的主动攻击性增加了砝码。当然，这种文明上的差异，也使现代资本有了武器，也更容易对世界产生较大的危害性。也就是说，资本逻辑主导下的现代化，不仅无法避免文明的冲突，显然还发挥着负面的作用。

三、后现代性与虚无主义的侵袭：资本主导下的"历史宿命"？

资本逻辑主导下的现代化，无法有效解决人们的精神文化生活问题。20世纪50、60年代以来，资本逻辑主导下的西方社会历史与科技领域发展新特征的后现代主义，逐渐成为当代思潮中颇具影响力的文化氛围。然而，这种文化动向依然无法破解资本逻辑与精神文化生活的矛盾问题。

后现代主义的出现有深刻的现实背景与理论逻辑：一方面，从实践上看，在诸多思想家那里，后现代主义是从批判现代性的角度出场的。对于鲍曼来说，无论是从现代性之中还是之外来反思现代性，其最终目的都是对现实的永无止境的批判。否定和超越现代性，或者使现代性成为"问题化"的理论策略，福柯说后现代主义是"对我们历史存在的永不停息的批评"，德里达则称后现代主义为"解构"，利奥塔则称之为"永远的出生状态"；卡斯托里亚迪斯称之为"文明对自身的质疑"。另一方面，从哲学理论上看，西方后现代主义是在批判现代哲学思维的过程中出场的，它认为现代哲学对形而上学的批判不够彻底，因而往往在批判基础主义与本质主义时陷入另一种基础主义或本质主义，在批判理性至上时陷入非理性状态。

从总体上看，在以语言游戏说与解构理论批判西方现代哲学时，后现代哲学呈现出的斑驳陆离的景象中也有一些"家族相似"式的基本特征：反本质主义与基础主义，反对认识论的表象功能，反对语言本质论与语言意义论，追求割裂传统与标新立异，注重微观与调和，呈现出无深度性与凌乱性等。

后现代性尽管有补充也有建构，但更多的是"破坏"。在后现代性的思维方式中，福柯试图以"断层"解构"根源"，德里达试图以"边缘"颠覆"中心"，罗蒂试图以"多元"代替"基础"，利奥塔则试图以"微观"取消"宏大"。然而，如果消除了"根源""中心""基础""宏大"，那么所谓的"断层""边缘""多元""微观"又是"对谁而言"，"赖何存在"的呢？我们在后现代性中更多的只是看到，合理化让位于无合法性或取消合法性，"同调"被"异调"淹没，价值共识被"无公度性"所打破，严肃的理想信念及德行追求成为过时的语言游戏，高扬的主体性堕落为"人死了"的重复呐喊的口号。

后现代性思维方式造成的一个重要结果就是，一直游荡于人类历史中的虚无主义重新粉墨登场了，并俨然成为高居一切的凯旋者。从词源上看，"虚无主义"一词来源于拉丁文，意指消逝、毁灭等。虚无主义在西方是一股顽固的思潮，尼采、萨特以及加缪等都曾自觉地并以自己的方式抗击着它的侵袭。

存在主义哲学家海德格尔对虚无主义的追问，具有一定的代表性。海德格尔对虚无主义的研究是围绕他在《尼采的话"上帝死了"》开篇中提出的"我们兴许有朝一日能够提出虚无主义的本质的问题"[1]展开的。这里需要指出的是，尼采"上帝死了"的论断实际上是秉承了近代哲学的理论逻辑。从笛卡儿开始，神圣维度逐渐深入主体的内在品质，理性主体开始成为一种神圣的存在。康德批判那种无视主体有限性而强制要求主体绝对接受"诫命"的宗教狂热，黑格尔明确提出了上帝之死的问题，不过在他那里是"以绝对精神取代了上帝"。继承近代哲学的这种理论逻辑，尼采直接断言"上帝死了"，并对之进行了系统阐述。在海德格尔看来，尼采的话意味着超感性世界失去约束力、激发力和建构力，进而人遁入一无所有的虚无之中。对此，海德格尔曾明确指出，"上帝死了"这句话意味着超感性世界没有作用力了。进一步来说，"如果作为超感性的根据和一切现实的目标的上帝死了，如果超感性的观念世界丧失了它的约束力，特别是它的激发力和建构力，那么，就不再有什么东西是人能够遵循和可以当作指南的了"，由此，"虚无主义，'一切客人中最可怕的客人'，就要到

---

[1] 海德格尔. 海德格尔选集. 上海：上海三联书店, 1996：763.

来了",这是因为"'虚无'在此意味着:一个超感性的、约束性的世界的不在场"[1]。

正是以尼采的思考为线索,海德格尔明确地提出了自己的虚无主义观,即"'虚无主义'这个名称表示的是一个为尼采所认识的、已经贯穿此前几个世纪并且规定着现在这个世纪的历史性运动"[2]。在此基础上,海德格尔回答了自己提出的"虚无主义本质的问题",即"虚无主义乃是欧洲历史的基本运动。这种基本运动表明这样一种思想深度,即,它的展开只能引起世界灾难。虚无主义乃是被拉入现代之权力范围中的全球诸民族的世界历史性的运动"[3]。这就是海德格尔从尼采出发对于虚无主义的本质问题的追问与沉思的逻辑过程。现在,这种有其历史传承性的虚无主义与后现代性产生共鸣,就使二者各自产生的效应加倍扩大了。

透过西方现代性和后现代性对精神文化的诸种侵袭,我们似乎清晰地看到了西方现代化无法超脱的局限和难以挣脱的枷锁。或许,精神文化困境,已然成为资本逻辑主导下的西方现代化进程无法逃脱的"历史宿命"。

---

[1] 海德格尔. 海德格尔选集. 上海:上海三联书店,1996:771.
[2] 同[1]767.
[3] 同[1]772.

第七章

资本主导下的外交困境

资本扩张成为世界近现代史的永恒主题，从商业资本主义掠夺殖民地、实现资本的原始积累，到垄断资本主义的资本输出，再到金融垄断资本主义的金融控制，无不体现了资本运行的内在逻辑。客观而言，这种资本扩张的动能曾极大地提升了社会生产力，推动了人类社会的发展，"资产阶级在它的不到一百年的阶级统治中所创造的生产力，比过去一切世代创造的全部生产力还要多，还要大"[①]。然而，资本的无限扩张以及为了扩张而突破一切束缚与底线的行为又使得它成为社会矛盾积聚的重要因素。马克思指出，"资本只有一种生活本能，这就是增殖自身"[②]。为了实现增殖功能，资本可以无所不用其极，"资本害怕没有利润或利润太少，就像自然界害怕真空一样。一旦有适当的利润，资本就胆大起来。如果有10%的利润，它就保证到处被使用；有20%的利润，它就活跃起来；有50%的利润，它就铤而走险；为了100%的利润，它就敢践踏一切人间法律；有300%的利润，它就敢犯任何罪行，甚至冒绞首的危险。如果动乱和纷争能带来利润，它就会鼓励动乱和纷争"[③]。在民族国家诞生以后，为了能够实现最大限度的利益，资本必须与权力相结合，利用权力为其增殖与扩张服务。因而，作为人格化资本的资本家便行动起来，在政府内部寻找代理人，或是自己粉墨登场，掌握国家机器，并通过国家的外交政策来反映并拓展资本利益，从而实现资本的全球扩张与控制。这种扩张在满足资本增殖的同时也给国际关系带来了新的变数，增加了诸多不确定性，并最终导

[①] 马克思，恩格斯. 马克思恩格斯选集：第1卷. 北京：人民出版社，2012：405.
[②] 马克思. 资本论：第1卷. 北京：人民出版社，2004：269.
[③] 同②871页.

致对西方主导下的国际体系的根本性变革。在此背景下，西方外交也面临着诸多困境。这种困境是导致西方衰落的重要原因和标志。可以说，资本逻辑既成就了西方昨日的鼎盛，也造成了西方今日的困局，并成为把西方带入下行空间的始作俑者。

一、寻找敌人的困境

所谓"敌人"，从国际政治话语的角度来理解，实际上指的是一种"国家身份"。亚历山大·温特把"身份"定义为有意图行为体的属性，可以产生动机与行为特征。据此可知，在亚历山大·温特看来，"身份"从本质上来说是一种主体或单位层次上的特征，根源于行为体的自我领悟。但是，这种自我领悟又常常依赖于其他行为体对这个行为体的再现与该行为体自我领悟之间的一致，故"身份"也具有主体间或体系特征。因而，"两种观念可以进入身份，一种是自我持有的观念，一种是他者持有的观念。身份是由内在和外在结构建构而成的"[1]。显然，国家身份也包含两个方面的内容，即自我认知与他者建构。所谓国家身份的自我认知指的是一个国家对其在国际社会中所处位置的认识与判定，换言之，"国家身份就是一个现代意义上的主权国家与主导国际社会的认同程度"[2]。然而，国家身份仅从自我认知的角度是难以最终确立的，还需要其他国家对其身份的认可。也就是说，国家身份确立的过程也是一个寻求他者认同的过程。可见，国家身份主要回答了"我是谁"和"他是谁"的问题。

国家身份的界定与明确和一国的国家战略有着密切关系。毛泽东同志曾精辟地指出："谁是我们的敌人？谁是我们的朋友？这个问题是革命的首要问题。"[3] 这实际上是道出了战略的精髓之处。任何一个国家在制定国际战略的过程中首先必须明确自己的战略定位、在国际体系中的地位、面对的主要战略对手，以及可以借助的战略支持力量。作为一个全球性霸权

---

[1] 温特. 国际政治的社会理论. 上海：上海世纪出版集团，2000：282.
[2] 秦亚青. 权力·制度·文化：国际关系理论与方法研究文集. 北京：北京大学出版社，2005：349.
[3] 毛泽东. 毛泽东选集：第1卷. 北京：人民出版社，1991：3.

国家，美国十分重视对其他国家身份的认知与判断，并将其作为确立国家利益、制定外交战略的重要考察因素。美国新保守主义者欧文·克里斯托尔在1990年撰文指出，"半个世纪以来，是我们的敌人界定了我们的外交政策。现在，界定外交政策的任务落到了我们自己的身上，但缺乏值得一提的敌人……是国家的敌人帮助定义了国家利益，无论定义是用什么样的形式。如果没有这样的敌人，国家就会在大量相当琐碎的或者至少是边缘的选择中踌躇"[1]。不仅如此，对其他国家身份的认知也是美国确立国家身份的一个重要参照。换言之，美国是通过确定"他者"来发现"自我"的。萨义德曾对此做过精彩的表述："自我身份的建构……牵涉到与自己相反的'他者'身份的建构，而却总是牵涉对与'我们'不同的特质的不断解释和再解释。每一个时代和社会都重新创造自己的'他者'。"[2] 亨廷顿也指出，"要有别人，人们才能给自己界定身份"[3]。然而，由于失去了苏联这个"他者"，冷战后的美国出现了身份危机，从而提出了"我们是谁？"的疑问，难怪查尔斯·克劳萨默会发出"国家需要敌人"的感慨[4]。美国著名历史学家小阿瑟·施莱辛格在1993年写道："有些人说美国人需要一个敌国，以给外交政策带来焦点和连续性。美国在两次世界大战中与德国为敌，然后在冷战中与苏联为敌，现在谁会被指定为敌人？"[5] 可见，"敌人"身份的确认在美国制定国家战略中具有十分重要的作用。不难发现，美国通过对其他国家身份的认知来确立自己的身份，从而确立美国的国家利益，并针对不同的对象（盟友、伙伴、竞争者、敌人）采取不同的战略，实现并维护自己的国家利益。可以说，国家身份的界定是美国大战略制定的前提和基础，同时也是影响美国大战略的重要因素。

不过，对他者身份的界定并非易事。从国家利益的角度来看，准确地界定他者身份于美国而言兹事体大。从历史来看，美国的兴起与准确定位

---

[1] 李鹏. 从"战略竞争者"到"利益相关者"：美国对华战略定位转变与台湾问题. 台湾研究集刊，2006（1）：2.
[2] 萨义德. 东方学. 北京：三联书店，1999：426.
[3] 亨廷顿. 我们是谁？：美国国家特性面临的挑战. 北京：新华出版社，2005：23.
[4] 同[3]219.
[5] 王缉思. "遏制"还是"交往"？：评冷战后美国对华政策. 国际问题研究，1996（1）：2.

"他者"或"敌人"不无关系，如美国建国之初，将其与欧洲"旧世界"区分开来，认为欧洲列强是美国国家安全的主要威胁，美国应该避免与之发生政治纠葛，这成为美国"孤立主义"外交政策的肇始。再比如，二战期间，美国将德意日"三国同盟"视为对美国乃至世界安全最大的威胁。因此，美国不仅成为世界反法西斯战争中最重要的基础性力量，也成为维护世界正义、和平的化身，美国的国际地位空前提升。二战后，美国之所以能够建立新的国际秩序，一方面源自美国强大的军事、经济实力，另一方面得益于它的道德感召力与权威性。

然而，冷战结束后，美国陷入战略对手"空缺"的失落与迷茫之中。于是，美国开始不断地寻找敌人，并在此过程中重新界定自己。21世纪之初，美国似乎找到了一个合适的"敌人"——中国。在小布什政府执政期间，中美之间发生了"南海撞机"这样的严重事件。当时，两国关系尚未从1999年的"中国驻南联盟使馆被炸事件"中恢复，这一事件又为双边关系的发展增添了新的变数。实际上，小布什曾公开声称中国不是美国的战略伙伴，而是美国的战略竞争者。当时的美国政府对于这个界定是充满欣喜的，并且在战略上做出了重大调整，美国"重返亚太"战略已箭在弦上。但是，"9·11"事件打破了美国的这一战略部署。此后的八年，美国开启了颇具争议的全球反恐时代，但却为中美关系的发展创造了重要契机。不过，我们需要清楚的是，尽管美国将其敌人"锁定"在恐怖主义活动上，但美国的重大战略力量仍然主要是投入传统民族国家与重要地缘战略地区。例如，美国发动的阿富汗、伊拉克战争，不仅拔除了"基地"组织的大本营和庇护者，其势力还渗透、扩大到中亚、中东地区。再比如，美国利用"反恐"之名，在高加索地区、非洲地区广泛建立或租用"军事基地"，对伊朗、朝鲜等国家冠以"邪恶轴心""暴政前哨"等名号，这一切都是出于地缘战略考虑，而非简单地打击恐怖主义。尽管如此，经过八年的全球反恐战争，美国在一点上是弄明白了，即将恐怖主义这一缺少实体的对象作为美国的"敌人"是荒谬且不可持续的。

伴随小布什政府终结而产生的，是一个深陷战争、国际形象受损、经济支离破碎的美国，此时的美国还面临一个重要的地缘战略挑战，即2008年8月的俄格战争。颇为有趣的是，六年以后，奥巴马政府遭遇了同样的困境。因为乌克兰危机，美国与俄罗斯又一次站到了博弈场的中央。可以发现，美国在冷战后处于不断地寻找敌人的状态当中，这深刻反映出它有根深蒂固的"敌人"情结，以至于将自身推向某种偏执：为了寻找敌人而制造敌人。这已经背离了美国建国领袖们的忠告。美国的第六任总统约翰·昆西·亚当斯曾出于对美国安全的考虑告诫美国人："不要到海外去寻找恶魔来消灭。"[1]

然而，这并不奇怪。实际上，美国寻找敌人的背后存在着深刻的资本逻辑，最主要体现在军工利益集团方面。所谓"军工集团"，指美国军方、政府机构、私营企业和学术团体中形成的利益互补的各种实体[2]。1961年1月17日，时任美国总统艾森豪威尔在"告别演说"中提出的"军工复合体"（military-industrial complex）概念可谓对军工集团的一种贴切表达。他指出："强大的军事组织和巨大的军火工业的联姻是美国历史进程中的一个新现象，在每一座城市、每个州的议事机构、联邦政府的每个办公室都能感受到它的总体影响——经济方面的、政治方面的，甚至是精神方面的。我们认识到这种发展不可避免。然而，我们又不能不去理解它的重大影响。……在政府各部门，我们必须防备军工复合体获得无法证明是正当的影响力，不论它寻求与否。这种错位（misplaced）的权力呈灾难性上升的趋势一直存在并将继续存在。"[3] 美国学者也认为，以国防部为代表的联邦政府部门（包括国家航空航天局以及与核武器相关的能源部）、参众两院军事委员会和拨款委员会中的国防事务分委员会为主的国会部门（包括与国防工业相关地区产生的议员）以及国防工业实体（包括公司、实验室、研究部门、工会、商会等）形成了军工领域的"铁三角"，对美国的对外战略与国家安全战略产生了重要影响[4]。美国政治学者罗塞蒂便深刻地指出："美国外交政策往往反映那些对政府的政治进程最成功地产生影

---

[1] http://www.theamericanconservative.com/repository/she-goes-not-abroad-in-search-of-monsters-to-destroy/.
[2] 赵可金．美国军工集团与中美关系．和平与发展，2004（3）：48.
[3] http://avalon.law.yale.edu/20th_century/eisenhower001.asp.
[4] 杨明杰．美国国家安全战略决策中的军工"铁三角"．现代国际关系，2002（7）.

响的个人和集团的目标和优先考虑。"①

从偏好上来说,军工集团是渲染或塑造"不安全"外部环境的主要推动者与获益者,而寻找敌人,甚至是制造敌人便是其屡试不爽的手段,"美国国防部及军队总是故意夸大世界威胁,具有强烈的增加军费开支的政治需求。……美国军事工业集团又需要从国防部获得大量订单,才能够生存下来。……在华盛顿的五角大楼与纽约的华尔街,它们构成了美国最强大的特殊利益集团"②。可以说,美国已经陷入一种"安全的恐惧"当中,即面对安全的国际环境,美国大资本利益集团尤其是军工利益集团却感受到了一种危机感,因为在这样的环境当中,它们难以实现资本的原始功能——资本扩张。就此而言,对全球安全与稳定来说,美国已成为一个充满不确定因素的存在。

二、 民主拓展的困境

从历史上看,对外推广民主一直是美国外交政策的一项中心内容。美国自诩是"上帝的选民",是"民主的灯塔",指明了人类社会未来的发展方向。美国政治文化中的"使命观"促使美国外交政策制定者将民主推广作为美国的重要国家利益,这一点在冷战后更加明显。克林顿政府将"经济"、"安全"与"民主"作为国际战略的三大支柱。小布什政府认为民主赤字是导致国际恐怖主义的根本因素,因此其反恐战略的一个重要目标就是推广民主,并为此制定了雄心勃勃的"大中东计划"。奥巴马政府同样如此,尽管在推进民主的手段上更加温和。他在2010年的《美国国家安全战略报告》中明确将海外民主拓展作为美国四项持久国家利益之一③。然而,美国在推广民主的过程中遇到重大困境,主要体现在内外两个方面:

从内部困境来说,美国民主体制本身存在诸多瑕疵,集中体现在民主充满了"铜臭味"与虚伪性,这令美国的道德影响力大打折扣。英国伦敦

---

① 罗塞蒂. 美国对外政策的政治学. 北京:世界知识出版社,2005:433.
② 胡鞍钢. 美国为何衰落?. 学术界,2014 (5):10.
③ 陈积敏. 美国领导:奥巴马政府《国家安全战略报告》评析. 和平与发展,2010 (4):40-46.

经济与商业政策署原署长罗思义指出:"美国一直宣扬其政治体制以人人平等为基础,即'一人一票',然而这一体制实际上却受到金钱的支配。"美国立法机构中的富人比例很高,立法者中的 69% 是坐拥超过 100 万美元资产的人。与此同时,美国国会大部分议员也都身价不菲,即便抛开房产价值不计,这些议员也大都拥有超过 100 万美元的资产。"所谓自由、平等的价值观,只是掩盖真相的谎言而已。"① 这些人一方面利用自己雄厚的资产来攫取政治地位(据统计,91%的美国国会选举都是由获得最多资金支持的候选人赢得),另一方面,一旦政治地位稳固之后,他们便会再次利用这些权力来为他们的资本增殖服务,资本与权力形成了"完美"的利益扩张共同体。例如,自 2007 年到 2013 年,由于金融危机的影响,美国家庭财富的中位数减少了 43%,但美国参议员财富的中位数却增长了 22%②。2016 年 10 月,美国民主党总统参选人伯尼·桑德斯(Bernie Sanders)在与同为民主党总统参选人的前国务卿希拉里进行首场辩论时公开表示:"不是国会控制(regulates)华尔街,而是华尔街控制着国会。"③ 美国著名学者乔姆斯基也指出,"财团势力,现在主要是金融资本,已经达到了这样严重的程度,以至于今天基本上已经不能算是传统的两大党派,在当下讨论的问题上已经远远不能捍卫民众的权利了"④。

这种资本与权力的逻辑也表现在外交领域。例如,作为美国"重返亚太"战略的提出者,希拉里·克林顿与其名下的克林顿基金会有着千丝万缕的联系,而该基金会动辄接受大笔外来资金,有些捐助甚至超过 1 000 万美元。美国《国际商业时报》资深撰稿人大卫·西罗塔曾做过如下计算:"在希拉里担任国务卿期间,她所在的部门共批准了克林顿基金会捐赠企业提出的总价值达 1 650 亿美元的军火销售申请。"⑤ 比利时鲁汶天主教大学研究员保罗·杜阿特甚至认为,"美国政治已经开始变成一个由一

---

①② 罗思义. "美式民主"并非真正民主. 人民日报,2015 - 07 - 26.
③ http://www.huffingtonpost.com/entry/bernie-sanders-wall-street_us_561db8e9e4b050c6c4a35d9c.
④ 乔姆斯基. 美国衰落:原因和结果. 国外社会科学,2012(1):101.
⑤ 同①.

小部分掌控权力的阶层控制普通大众的寡头政治"①。在此背景下，美国的民主和外交政策充满了各种游说团体的活动。在外交政策方面，这种寡头制因其对权力的垄断及贪婪，制造了无数人间悲剧，比如，海湾战争就是贪得无厌的政治游说团体为了能源以及维持战争机器的运转而驱动的策略。因而，保罗·杜阿特写道："我很坚定地认为，如今美国的寡头政治恰恰是全球范围内战争及其他不稳定因素的原因。"②

从外部困境来说，美国的民主拓展成为当今国际与地区局势动荡的深刻根源，并最终给美国带来了如恐怖主义报复、全球反美主义盛行等结果，实可谓"搬起石头砸自己的脚"。从历史上看，美国将"自由""民主"等价值观作为其外交政策的核心要素，为它霸权地位的确立立下过汗马功劳。二战后，在由美苏引导的、以意识形态斗争为核心的"非敌即友"的世界中，美国凭借"自由世界领袖"这面旗帜，在道义上获得了领导国际社会的特权并塑造了所谓"民主国家"的形象。为了确保"自由世界"的安全，美国被赋予在全球建立规模宏大的军事网络，全面控制或影响其他国家或地区政治、经济及社会文化生活的权力。然而，冷战结束后，由于无法找到一个明确"敌人"或潜在的重大威胁，美国以民主为由在全球的干预行为失去了道德合法性基础③。

然而，美国却未能认识到这一点，仍然自认为是当今世界的领导者或"警察"，试图用美式民主改造整个地球。凡不听美国召唤的国家，不是被扣上"邪恶轴心"的帽子，就是被视为"法外国家"，美国动辄对其进行制裁或惩罚，甚至进行赤裸裸的政治颠覆或军事入侵。例如，小布什政府时期在外交政策领域奉行"单边主义"，追求"政权更迭"，强制向目标国移植美国的民主价值观。但是，这种对外输出民主的方式令目标国陷入失序状态，当今的伊拉克和阿富汗就是典型。美国打着"反恐"的旗号，通过战争手段推翻原有政权，有意将伊拉克建成中东地区民主拓展的桥头堡。但美国显然低估了国家重建所面临的困难。时至今日，伊拉克和阿富汗的局势仍动荡不安。在美国撤军之后，两国政府都难以有效掌控局面。

---

①② 杜阿特．"寡头政治"损害民主价值．人民日报，2015-07-26．
③ 高程．认同危机、社会裂痕与美国对外战略困境．开放时代，2012（7）．

秩序难以恢复，更谈不上经济建设和社会发展，最终民主也难以真正实现。而战争带来的恶果却要这些国家的民众来承担。因而，强行推行美式民主，反而容易造成局面失控，带来灾难性后果[1]。小布什政府所犯下的错误，奥巴马政府虽然有所借鉴，但仍抵不住民主扩展的本能，从而令美国进一步陷入危机之中，最典型的案例就是2010年底席卷中东北非地区的"民主化"浪潮。这股所谓的"阿拉伯之春"运动最后演变成"阿拉伯之冬"，成为该地区产生严重动荡的重要原因。与此同时，暴力极端主义趁势崛起，对国际安全造成了新的挑战。在此进程中，美国又起到了不光彩的作用。根据法国出版的《阿拉伯革命背后隐藏的一面》一书所提供的翔实资料，美国就是2011年"阿拉伯之春"的幕后推手[2]。当然，美国也为此付出了代价，表现为深受暴力极端势力与恐怖势力的袭击，例如，2012年9月美国驻利比亚班加西领馆遇袭事件、2015年12月美国加州枪击案、2016年6月美国佛罗里达州奥兰多枪击案等[3]。需要指出的是，这些恐怖行为的最大受害者是普通的美国民众。尽管美国政府一再表示要维护国土安全，但如果美国不能改变其在全球强行输出民主价值观的既定战略，那么目标国的"仇美""反美"情绪就不会消解，美国自身也难以获得可持续安全。

为什么美国在遭遇上述挫折后仍然不思改变呢？难道美国没有看到问题的所在吗？2004年，美国学者便在《外交》杂志上撰文指出，"9·11"事件使美国领导人认识到恐怖主义的危险，但却从中得出了错误的结论，"人们错误地相信民主是治愈世界上一切弊病包括恐怖主义的法宝，而且美国有责任在世界上任何缺乏民主的地方推动民主政府的发展"[4]。美国前国务卿基辛格认为，美国对外政策存在着一种显而易见的矛盾：一方面，没有一个国家"在日常外交活动中比美国更务实"；另一方面，又没有一

---

[1] 袁征. 输出美式民主受到越来越多质疑. 人民日报，2015-05-24.
[2] 姚立. 美国是"阿拉伯之春"的背后推手. 光明日报，2013-01-10.
[3] 陈积敏. 美国为何"控枪难". 学习时报，2016-03-07；陈积敏. 本土恐怖主义与美国反恐困境. 学习时报，2016-08-01.
[4] 西梅斯. 美国的帝国困境. 国外理论动态，2004（5）：19.

个国家像美国那样"一厢情愿地认定美国的价值观是放诸四海而皆准的"①。然而，在面对这一矛盾时，道德总是屈从于利益②。美国政治学者亨廷顿便强调，民主需要提倡，但需要服务于美国的资本利益。他举例指出，在伊拉克对石油拥有国科威特的入侵中美国政府采取大规模粉碎战略，但在没有石油的波斯尼亚遭遇入侵时，美国则不予理睬③。有学者分析认为，美国历史上的民主输出主要受四种动机支配：一是为了谋求美国的物质利益；二是为了谋求地缘政治利益；三是出于美国的安全需要；四是为了推广美国人看重的民主价值观。前三者属于现实政治的范畴，后者属于理想政治的范畴④。无论是现实政治，还是理想政治，从本质上来说都是利益政治的体现。在美国的民主推广战略中，其对象不是随意选择的，而是经过慎重权衡的：对于那些在地缘战略上无关紧要的地区，美国并不热心于推广民主价值观，而对于那些具有重要战略意义的地区或国家，美国积极推动价值观战略，如中东地区。

中东地区连接欧亚非三大陆，无疑是世界上的战略要地，具有重要的地缘政治意义。不仅如此，中东地区还拥有丰富的石油资源。因此，控制了中东就意味着控制了世界的能源市场，也控制了全球经济发展的命脉。二战后罗斯福的重要顾问伯尔便指出，如果控制了中东地区独一无二的能源，就"实质性地控制了世界"⑤。于美国而言，除了石油本身作为重要的战略资源之外，"石油美元"也是一个介入中东事务的不可忽视的重要因素。二战结束后，美元成为"宏观调控"国际关系的杠杆。二战末期，由于大量黄金流入美国，加上美国无与匹敌的生产率，美元在客观上拥有了主导地位，布雷顿森林体系的确立就是对美元霸权地位一种事实上的确认。然而，随着欧洲和日本经济的发展、劳动生产率的提高，以及越南战争的爆发与美国黄金的大量外流，人们对美国在布雷顿森林体系下管理世

---

① 基辛格. 大外交. 海口：海南出版社，1998：3.
② 刘卫东. 美国民主输出的困境. 江南社会学院学报，2007（1）：30.
③ 亨廷顿. 文明的冲突与世界秩序的重建. 北京：新华出版社，2002.
④ 李翠亭. 欧洲难民危机与美国民主输出的悖论. 武汉大学学报（哲学社会科学版），2016（5）：30.
⑤ 乔姆斯基. 美国衰落：原因和结果. 国外社会科学，2012（1）：101.

界经济的能力产了的疑虑①。1971年，时任总统尼克松发表电视讲话，提出"浮动"汇率制，布雷顿森林体系随之走向瓦解，美元的主导地位也面临重大挑战。不过，美国通过与石油输出国组织（"欧佩克"）中最有影响的成员国沙特阿拉伯达成石油以美元计价的协议，继而与整个"欧佩克"达成了同样的协议，"石油美元"应运而生，美元霸权找到了另一个更为长久而稳固的依靠。可见，中东对于美国霸权来说是一个不容有失的地区。不过，美国是不能把干预中东事务的实情摆上台面的，而必须以一种更加冠冕堂皇的理由，即推广民主、自由等价值观来掩饰。从这个角度来说，美国推广所谓的民主价值观只是掩饰美国获取实际战略利益、谋求一己之私的遮羞布而已，其背后同样折射出美国外交的资本逻辑。

三、战略失衡的困境

从历史上看，美国在崛起过程中制定了审慎的外交战略。之所以称其"审慎"，主要源自美国外交战略的设计与政策实践是以美国国力的可承受度、可操控度与国际社会的可接受度为边界的。19世纪末，美国成为世界上实力最强大的工业大国，其国内生产总值居世界第一。但是，美国的对外战略仍然十分慎重，在承认、尊重欧洲列强在世界势力范围的前提下，渐进拓展外交空间与国际利益疆界。比如，美国提出了针对中国的"门户开放"政策，其原则仍然是在接受现有地区秩序的基础上表达其国家意愿。更重要的一点是，美国在提出"门户开放"政策中与各强国保持了密切的沟通，尤其是保持了与当时的霸权国英国的沟通，以取得它们的理解。一战之后，美国试图按照自己的战略设计来塑造战后世界秩序，并且提出了详尽的制度安排。但在遭遇阻力之后，美国对其外交大战略进行了冷静、理性的思考与评估，并坦然接受了追求世界领导地位的努力已付之东流的现实。与此同时，美国继续夯实国内经济基础（如创造了"柯立芝繁荣"），深耕周边环境，以待时机。二战后，美国的霸权地位得到了确立与巩固。冷战期间，在与苏联的对峙较量之中，美国的优势地位逐渐丧

---

① 岳汉景．"大中东计划"背后的"石油美元"．西亚非洲，2008（7）：40-41．

失,最终迫使尼克松总统对美国的全球战略进行了调整,实行战略收缩,以减少帝国过度扩张带来的霸权衰落。

然而,冷战后,美国霸权失去了外在约束,在实力达到鼎盛之时,其对外扩张的本能以及自以为是的心态暴露无遗,"美国无与伦比的军事、经济和政治优势使如下观点更为盛行:美国几乎能够在国际舞台上为所欲为"①。然而,这种对外扩张并不是没有代价与风险的,也并不总是能够获取收益的。"帝国无一能够逃脱历史法则。这些历史法则中最重要的一条,是帝国造就了一批反对其统治的组织,从国家之间的战略联盟到国家内部的恐怖主义都属于这种组织。另一条法则是帝国从来都不是在不付出代价的情况下建立起来的,帝国遇到的反对程度取决于帝国情愿承担的代价。"② 例如,小布什政府时期的美国,从综合实力上来看达到了一个新的顶峰:在经济上,美国不仅消除了财政赤字,而且还有不小的盈余;在军事上,美国的军费支出全球第一,先进武器装备更是他国难以企及;在国际上,"9·11"事件后,美国赢得了国际社会的广泛支持,阿富汗战争获得了联合国授权便是最有力的体现。然而,权力的增长也带来了欲望的膨胀,帝国扩张的本能再次显现。小布什政府开始积极介入中东事务,提出了雄心勃勃的"大中东计划"。然而,通过扩张来壮大美国实力的做法,在当今时代显然已经不可行。保罗·肯尼迪就曾指出,"如果一个国家把它的很大一部分资源不是用于创造财富,而是用于军事目的,那么,从长远来看,这很可能会导致该国国力的削弱。同样,如果一个国家在战略上过分扩张,如侵占大片领土和进行代价高昂的战争,它就要冒一种风险:对外扩张得到的潜在好处,很可能被为它付出的巨大的代价所抵消"③。结果是美国深陷两场战争,并且在国际上因为虐囚、敌视伊斯兰世界等遭受重创。奥巴马政府上台后,有意识地调整了对外战略,如结束两场战争、修复与伊斯兰世界的关系、尝试关闭关塔那摩监狱等,这在一定程度上可以被视为美国针对帝国过度扩张而采取的战略调适。但这些措施实施的结

---

① 西梅斯. 美国的帝国困境. 国外理论动态,2004 (5):18-19.
② 同①18.
③ KENNEDY P. The rise and fall of the great powers. London:Unwin Hyman,1988:xvi.

果并不理想：美国强行从阿富汗、伊拉克撤出战斗部队，但这些国家并不能有效维持社会稳定以及防范恐怖袭击；美国修复与阿拉伯世界的关系的努力因为"阿拉伯之春"而增添了新的变数，中东北非地区再次陷入混乱；"IS"组织的异军突起以及俄罗斯的介入更是让美国自顾不暇。

在这一背景下，美国政府理应采取更为谨慎的对外战略，但与此相反，奥巴马政府实施了局部扩张的政策，最典型的是推进"亚太再平衡"战略。这一战略的内涵至少包括四个方面：一是从全球范围内调整力量配置，收缩美国在欧洲的力量部署，并将其转移到亚洲地区。二是从阿富汗、伊拉克等地区抽身，将这部分力量转移到东南亚国家，实现区域内美国力量的均衡分布①。三是美国亚太战略各要素之间的再平衡，即政治、经济、安全、外交等要素之间的再平衡。华盛顿大学罗伯特·萨特等人认为，再平衡战略经历了两个阶段，即2011—2012年军事为主的阶段和2012年底之后经济与外交为主的阶段②。四是美国国内政策与国际战略的再平衡。自金融危机爆发以来，美国政府便在寻求国内经济振兴与国际战略推进之间实现平衡。奥巴马总统在2010年《国家安全战略报告》中便明确强调，美国国际战略的基础在于国内③。此外，美国国内精英对于美国大战略的讨论，其中一个重要问题就是如何保持国内政策与国际战略的平衡性④。

在一定程度上，奥巴马政府也意识到美国在经历了小布什八年反恐战争以及金融危机之后需要实现"能力与意愿"的再平衡。然而，知易行难，尤其在军事战略层面。胡鞍钢教授曾指出美国患上了"过度军事开支

---

① http：//the-diplomat.com/2012/05/03/pivot-out-rebalance-in/.
② http：//www.gwu.edu/~sigur/assets/docs/BalancingActs_Compiled1.pdf.
③ 陈积敏. 美国领导：奥巴马政府〈国家安全战略报告〉评析. 和平与发展，2010（4）.
④ HAASS R. Foreign policy begins at home：the case for putting America's House in order. New York：Basic Books, 2013；MACDONALD P, PARENT J. Graceful decline? the surprising success of great power retrenchment. International security, spring 2011, 35（4）：7 - 44；BROOKS S, IKENBERRY G, WOHLFORTH W. Don't come home, America. International security, Winter 2012/13, 37（3）：7 - 51；POSEN B. Pull back：the case for a less activist foreign policy. Foreign affairs, January/February 2013：116 - 128；BROOKS S, IKENBERRY G, WOHLFORTH W. Lean forward：in defense of American engagement. Foreign affairs, 2013, 92（1）：130 - 142.

症"。2000—2010 年，美国军费开支占世界总量的比重都在 40% 以上，其中 2005 年达到了峰值 44.9%，相当于当年美国 GDP 占世界比重的 1.6 倍、美国出口贸易占世界比重的 5.2 倍。即使到 2012 年这一开支下降至 39.1%，仍相当于美国 GDP 占世界比重（22%）的 1.78 倍，相当于货物与服务出口贸易占世界比重（8.7%）的 4.49 倍[1]。这种再平衡最终还是促使美国走向了在亚洲扩张势力的道路，但它不是建立在美国实力强大的基础之上，而是基于美国实力相对衰落的前提之下，被称作"过度扩张"，即"当扩张带来的边际效用递减、战略成本上升并最终超出其先前所获取的战略收益时，该国便会陷入过度扩张的境地"[2]。美国之所以如此，其中的动因除了亚太地区具有重要的地缘政治意义之外，本地区的经济重要性也是美国的重要考量因素。金融危机爆发以来，欧美经济出现了较大幅度的衰退。然而，亚太地区的多数经济体却表现较佳。亚太经合组织成员的经济总量占世界的 54%，全球贸易额的 44%，拥有 27 亿消费者。此外，美国与亚太地区的经济联系也非常紧密，美国出口商品的 60% 流向亚太地区，美国前 15 大贸易伙伴中的 7 个在该区域[3]。

为了实现资本增殖的目的，美国不得不扩大在亚洲地区的存在。这种存在不仅仅是经济领域的，而是全方位的一种存在。美国"亚太再平衡"战略不仅仅表现为经济的深度介入，还是政治、军事、外交等手段的增强，军事上的介入尤为明显：(1) 保持并加强该地区的军力部署。2011 年 8 月，美国与澳大利亚正式签订《澳美驻军协定》，2 500 名美国海军陆战队员轮驻澳大利亚北部城市达尔文。2012 年 6 月 2 日，时任美国国防部长帕内塔与新加坡国防部长黄永宏发表联合声明指出，新加坡原则上同意美国关于在轮换的基础上向新加坡部署多达 4 艘近海战舰的请求[4]。同日，时任美国国防部长帕内塔在新加坡香格里拉会议上发表演讲并指出，至 2020 年，美国会将其海军舰只的 60% 派驻到亚太地区。(2) 加大与亚太地区周边国家举行联合军事演习的频度和力度。如美国与泰国主导的"金色眼镜

---

[1] 胡鞍钢. 美国为何衰落?. 学术界，2014 (5)：10.
[2] 王浩. 过度扩张的美国亚太再平衡战略及其前景论析. 当代亚太，2015 (2)：12.
[3] 吴心伯. 论奥巴马政府的亚太战略. 国际问题研究，2012 (2)：63.
[4] http://iipdigital.usembassy.gov/st/chinese/texttrans/2012/06/201206046780.html.

蛇"多国军事演习，韩美"关键决心"联合军演，美菲两国举行的"肩并肩"联合军演，以及美国与包括俄罗斯在内的22个国家举行的"环太平洋2012"联合军演。(3) 加强与本区域国家的军事交流力度。2010年7月，时任美国国防部长盖茨在访问印尼时表示，美国将开始与印尼特种部队逐渐进行有限制的安全合作活动计划。这是继1998年美国中止与印尼特种部队联系后的首次军事合作[①]。2012年4月23日，隶属于美国第七舰队的"蓝岭"号、"查菲"号和"哨兵"号三艘军舰访问越南岘港。6月3日，帕内塔在访问越南军港金兰湾时表示，"在国防领域，美越两国存在着复杂的关系，但我们不会被历史束缚。美国希望扩大同越南的国防关系"[②]。显然，军事力量的强化为美国在本区域影响力的发挥提供了坚固后盾，但也令亚洲地区形势紧张，例如，中国与周边国家的领海争端升级。美国学者罗伯特·罗斯认为，近年来，中国同日本及部分东南亚国家间海洋争端的激化先是因美国的介入而起，后又因美国出于维持其战略可信度的考虑而加剧，所有这些现象背后的共同根源是美国追求强化自身在亚太地区的安全主导地位[③]。

可是，这种做法也使得美国可能会被动地卷入其盟国与中国的争端之中，从而增加了美国的战略风险。关于这一点，美国人也有着清晰的认知。例如美国战略与国际研究中心太平洋论坛执行主任葛罗斯曼2012年5月接受《时代》周刊采访时表示，美国在南海问题上面临着困境，"你想要向你的盟友传达一个信息，那就是你会支持他们的，但是又不能鼓励他们。我们不想传递出这样的信号，那就是我们正在利用代理人来纵犬斗熊。但是与此同时，我们也不希望给出我们以某种方式遵从中国的印象"[④]。美国之所以欲罢不能，与其内部庞大的军工集团利益分不开。在"亚太再平衡"战略不断向前推进的过程中，美国外交正日益被国内的军事-工业集团所"劫持"，军事成为再平衡的压倒性支柱，外交和经济手段

[①] 朱盈库. 美国与印尼特种部队中断12年后将恢复交往. 环球网，2010-01-22.
[②] 刘刚，王恬. 美"重返亚太"拉拢昔日敌手越南（国际视点）. 人民日报，2012-06-04.
[③] 王浩. 过度扩张的美国亚太再平衡战略及其前景论析. 当代亚太，2015 (2): 12.
[④] http://nation.time.com/2012/05/31/delicate-dance-for-panetta-in-chinas-backyard/.

则相对处于次要位置①。杰克·斯奈德在研究国内政治模式与大国对外扩张的内在机理时曾表明，国内特殊利益集团间的"联盟互助"（coalition logrolling）行为会极大地危害国家整体利益，因为它们总是将部门利益凌驾于国家利益之上，这一论断在军事-工业集团身上体现得尤为明显②。

四、道义形象的困境

2015年9月2日，一张3岁叙利亚小男孩的尸体被冲上土耳其博德鲁姆海滩的照片震惊了世界。照片中的小男孩名叫埃兰·库尔迪，他的父母带着他和5岁的哥哥趁夜色坐上一艘小艇，准备去往希腊科斯岛，到欧洲寻求没有战争和迫害的新生活。但小艇很快就被大浪打翻，库尔迪一家只有父亲阿卜杜拉活了下来。这一悲剧再次说明，欧洲正在经历的难民与移民危机是一场巨大的人道主义灾难，这一灾难深刻折射出人权保护理想与现实之间巨大的差距。

二战后，尽管国际社会关于难民的理论界定尚未形成统一的标准，但对于难民权利的保护已基本达成共识，难民所享有的权利是明确而具体的，而相关国家所承担的义务同样是清晰的。根据1951年在联合国难民和无国籍人地位全权代表会议上通过的《关于难民地位的公约》规定，难民保护有着一定的原则，主要表现为两点：一是宽容和便利原则。1951年《关于难民地位的公约》第31条规定："（一）缔约各国对于直接来自生命或自由受到第一条所指威胁的领土未经许可而进入或逗留于该国领土的难民，不得因该难民的非法入境或逗留而加以刑罚，但以该难民毫不迟延地自行投向当局说明其非法入境或逗留的正当原因者为限。（二）缔约各国对上述难民的行动，不得加以除必要以外的限制，此项限制只能于难民在该国的地位正常化或难民获得另一国入境准许以前适用。缔约各国应给予上述难民一个合理的期间以及一切必要的便利，以便获得另一国入境的许

---

① 阮宗泽. 美国"亚太再平衡"战略前景论析. 世界经济与政治，2014（4）：13.
② SNYDER J. Myths of empire: domestic politics and international ambition. Ithaca: Cornell University Press, 1991: 31-43.

可。"① 中国政法大学梁淑英教授将宽容与便利原则归纳为三项内容：（1）不得对非法入境难民施以刑罚；（2）不得对非法入境难民施加不必要的限制；（3）提供获第三国接受的便利②。二是不推回原则，指国家不得以任何方式将难民驱逐或送回至其生命或自由受到威胁的领土边界，包括其原籍国或其他存此风险的任一国家③。"领土边界"可以是被驱逐者"国籍国"的边界，也可以是"生活国"或者"出生国"的边界。联合国难民署认为，"不论对给予避难者难民身份有什么样的争议，难民申请审理国都不得'以任何形式'强制驱逐难民至其生命或自由受威胁的领土边界"④。1984年《禁止酷刑和其他残忍、不人道或有辱人格的待遇或处罚公约》第3条规定："（1）如有充分理由相信任何人在另一国家将有遭受酷刑的危险时，任何缔约国不得将该人驱逐、推回或引渡至该国。（2）为了确定是否有这样的根据，有关当局应该考虑到所有有关的因素，包括在适当情况下，考虑在有关国家内是否存在一贯严重、公然、大规模地侵犯人权的情况。"⑤ 欧洲是人权保护的积极倡导者，《欧洲人权公约》《欧洲联盟基本权利宪章》等文件为保护人权指引了方向。可以说，欧洲占据着国际人权保护的道义制高点。

然而，当大批中东地区难民涌入的时候，尤其是在2015年11月巴黎恐怖袭击事件发生之后，欧盟部分成员国在难民问题上的分歧不断扩大，这对欧盟的团结带来严峻考验，甚至有媒体评论认为欧盟分裂成了两大阵营：一是以法德为代表的对外来移民持开放态度的欧洲国家，尤以德国为典范。德国总理默克尔对移民采取了开放的态度，被称为"欧洲的良心"，她也成为美国《时代》周刊和英国《金融时报》2015年度封面人物。二是不愿承担欧盟责任，反对难民安置计划的国家。它们在国家利益与道义责任方面明显倾向于前者，甚至出现侵犯人权的现象，这不仅令人遗憾，更

---

① http://www.npc.gov.cn/wxzl/wxzl/2000-12/26/content_1325.htm.
② 梁淑英. 非法入境难民的处理原则. 法学杂志，2008（6）：4-5，13.
③ http://www.unesco.org/new/en/social-and-human-sciences/themes/international-migration/glossary/refoulement/.
④ 刘国福. 出入境权与中国出入境管理法. 法治研究，2009（3）：21.
⑤ http://www.npc.gov.cn/wxzl/gongbao/2000-12/26/content_5002161.htm.

体现了国际人权保护的脆弱性。例如，一些欧洲国家为防止难民涌入相继恢复了边境管控措施，甚至宣称必要时可以对移民开枪射击①。捷克政府将移民和难民拘留长达 40 天，有些甚至达 90 天。联合国负责人权事务的高级专员扎伊德批评这是一种系统性的侵犯人权行为②。丹麦政府在面对难民潮的问题上，一方面加大了国际宣传，强调丹麦不欢迎难民入境。2015 年 9 月 7 日，丹麦政府在黎巴嫩《明星报》《使节报》《白天报》等媒体刊登广告，指出丹麦决定缩紧移民政策。另一方面试图通过立法强行收缴难民所携带的财物，以此来恐吓阻止难民入境③。国际移民组织总干事斯温表示，拒绝对逃离冲突或追求更好生活的人提供救援和安保是极为不人道的做法④。此外，一些媒体还在不断丑化移民，引起目的国民众对移民的恐惧与抵制。例如，欧洲国家的一些小报将移民称为蟑螂，并刊登漫画，将移民画成手持枪支、与老鼠混迹在一起的人⑤。不仅如此，欧洲一些主要国家的政党还将移民与难民视为攫取政治权力的工具。在经济形势不佳、失业率居高不下、欧洲民众"反移民"情绪高涨的背景下，这些政党通过大肆宣扬移民危机对本国所造成的各种挑战，激起民众对现政府移民政策的不满，从而在选举中获得巨大民意支持，如德国右翼政党"德国选择党"、波兰右翼政党"法律与公正党"、法国"国民阵线"等，这客观上进一步恶化了此轮人道主义危机。

  需要说明的是，欧洲国家利用其在传播领域的优势成功设置了这次移民与难民危机的议题，主导了国际舆论的走向，这给人们造成了一种印象，即"欧洲已成为难民涌入的重灾区""欧洲成为接收难民最多的地区"。然而，事实上接收难民最多的国家却是一些发展中国家，如土耳其、

---

  ① http：//www.brookings.edu/blogs/order-from-chaos/posts/2016/03/14-eu-turkey-migrant-deal-kirisci？utm_campaign=Brookings+Brief&utm_source=hs_email&utm_medium=email&utm_content=27268332&_hsenc=p2ANqtz–OWXhEZhkYZlRWjh7qQJR0uR9eZMnEBsAe1jRq 0T2yInIy2C04KkTIZs-C0cv2 VsgPLjSEeNj-agKPWFPiMv5hxTnINg&_hsmi=27268332.

  ② http：//www.theatlantic.com/international/archive/2015/10/czech-republic-un-human-rights-refugees/411862/.

  ③ 丹麦政府登广告劝退难民　丹麦人：对此感到羞耻．中国新闻网，2015 - 09 - 09.

  ④ http：//www.un.org/chinese/News/story.asp？newsID=25340.

  ⑤ http：//www.un.org/chinese/News/story.asp？NewsID=25312&Kw1=%E7%A7%BB%E6%B0%91.

巴基斯坦、黎巴嫩等。据联合国 2015 年发布的《国际移民报告》统计，2014 年，世界难民总数为 1 950 万人，约占国际移民总数的 8%，其中土耳其接收了 160 万人，仅 2014 年就接收了 120 万叙利亚难民。巴基斯坦接收了 150 万人难民，其中阿富汗难民是主题；黎巴嫩接收了 120 万人，约占其总人数的 25%①。2016 年中德人权发展论坛与会的德方代表对于这种现象也感到颇为诧异与不解。同时，他们对于欧洲在难民庇护方面采取的部分政策也提出了批评，如"安全来源国"等问题。

面对移民与难民危机，以"世界领袖"自居的美国却表现得极为"低调"。据统计，自 2012 财年以来，美国仅接受了 1 854 名叙利亚难民，其中多数集中于 2015 财年（从当年的 10 月 1 日至次年的 9 月 30 日），约有 1 682 名叙利亚难民入境，占美国接受难民总数的 2.4%②。对此，有美国学者评论称，"美国在向受叙利亚危机影响的国家提供外援方面确定无疑是领导者"，但美国在接受叙利亚难民方面却显得畏首畏尾，裹足不前③。面对批评，时任美国总统奥巴马表示，在 2016 财年，美国将增加接受 10 000 名叙利亚难民。不过，美国两党以及社会舆论在是否接受更多难民入境的问题上存在巨大分歧。民主党人对此普遍持肯定与欢迎态度。2015 年 9 月，皮尤研究中心的调查报告显示，69%的民主党人支持接收更多难民④。在 11 月 14 日民主党总统竞选人的第二次辩论中，希拉里和前马里兰州州长马丁·奥马利更是认为，美国应将接受叙利亚难民的数量增加 65 000 人。然而，美国近半数公众（45%）对于政府增加接受叙利亚难民的计划持保留态度，共和党人中有高达 67%的受访者表示不愿意接收更多难民。在 2015 年 11 月巴黎恐怖袭击事件之后，这一计划更是引发了美国大众的疑虑与安全担忧，并进一步强化了共和党人保守的移民政策倾向。

选民对难民移民问题的担忧，使共和党总统竞选人感到可以利用移民

---

① http://www.un.org/en/development/desa/population/migration/publications/migration-report/docs/MigrationReport2015_Highlights.pdf.

② https://www.migrationpolicy.org/article/syrian-refugees-united-states.

③ https://www.americanprogress.org/issues/security/report/2015/11/19/126018/after-the-paris-attacks/.

④ http://www.people-press.org/2015/09/29/mixed-views-of-initial-u-s-response-to-europes-migrant-crisis/.

问题做文章，为自己的竞选增加砝码。于是，他们提出了包括终止难民输入、对难民宗教信仰进行甄别等更为严苛的难民政策主张。例如，共和党总统竞选人杰布·布什表示，美国应将注意力集中于那些正在遭遇屠杀的基督教难民。共和党总统竞选人、得克萨斯参议员克鲁兹也声称，美国将继续为基督教难民提供庇护所，但不包括那些可能被"IS"组织渗透的难民。路易斯安那州州长金德尔呼吁封闭美国边境，而前阿肯色州州长哈克比希望终止任何来自由"IS"组织或"基地"组织强力控制的地区的难民涌入美国。当时的共和党总统候选人领跑者特朗普表示，这些叙利亚难民"可能是特洛伊木马"。他在一次竞选活动中宣称，如果当选总统，他将会把叙利亚难民全部赶出美国。该政策宣示为他赢得了巨大的支持，这也说明美国社会内部对叙利亚难民入境抱有严重的疑虑。2017年1月20日，特朗普宣誓就职，成为美国第45任总统。1月27日，特朗普便签署了《阻止外国恐怖分子进入美国的国家保护计划》，禁止伊拉克、叙利亚、伊朗、苏丹、索马里、也门和利比亚等7国公民入境美国。另外，特朗普还将原有的难民接纳项目推迟了120天，以便对难民进行充分的背景核查，而在奥巴马任内启动的在美重新安置叙难民的计划被无限期中止。禁令还将该财年美国计划接收的世界各地难民数量减至5万人，减幅逾50%[1]。

在慨叹人道主义灾难如此之深重以及西方国家何等之伪善时，另一个更重要的问题是这场移民与难民危机的源头是什么。归根结底，这仍然是西方国家遵循资本主导逻辑的产物。从直接原因上来看，欧洲所经历的移民与难民危机主要源自西亚北非的长期动荡，尤其是叙利亚战争所引发的难民潮。据联合国人道主义协调厅发布的《全球人道主义概览2017状况报告》显示，有1 350万叙利亚人需要人道主义援助，其中490万被困在战争地带的人面临着严重威胁。叙利亚有一半以上的人口被迫流离失所，数百万少年儿童与青年的记忆除了冲突之外别无一物[2]。该报告明确指出："冲突仍是叙利亚人道主义危机的首要原因。"[3] 2015年9月28日，习近平

---

[1] http://edition.cnn.com/2017/01/28/politics/text-of-trump-executive-order-nation-ban-refugees/index.html.

[2][3] https://reliefweb.int/sites/reliefweb.int/files/resources/2017_Syria_hno_161205.pdf.

主席在纽约会见希腊总理齐普拉斯时表示,当前难民问题的根源在于发展不平衡和地区不稳定,除了对难民进行人道主义援助,更要有效解决贫困及社会稳定问题,特别是消除难民来源国的冲突根源[1]。因此,这一问题的解决之道并不复杂,只要恢复该地区的和平与稳定,让民众拥有一个安宁的生活与发展环境,难民与移民危机也能迎刃而解。关于这一点,就连普通人都看得清清楚楚,如前面提到的小难民之死。阿卜杜拉的姐姐蒂玛·库尔迪在社交媒体上这样说道:"所有能听到我说话的人,请制止这场战争吧。"(Whoever can hear me now-stop the war)。可见,如果欧美想要真正解决难民问题,要解决的根本问题还是如何让难民流出国和平稳定地发展,但这与它们背后的大军火商的利益不相符。为了在选举中得到军火商的支持,欧美政客们不得不在世界各国挑起争端,制造并加重难民问题。一方面,欧洲各国对难民问题叫苦不迭,相互指责者有之,逃避责任者有之;另一方面,又打着"民主"和"自由"的旗号制造难民问题,其"人权"的虚伪性可见一斑[2]。从这个角度来说,高举人权旗帜的西方国家在现实利益面前展现了赤裸裸的自利本性,所谓的道德只是欺世盗名而已。

小　　结

资本利益超越了国家与民族利益,少数人的利益凌驾于多数人福祉之上,这种极端不平等必然引发深层次矛盾。资本的扩张与集中促进了全球民众(西方国家内部与发展中国家)的新觉醒,这成为西方外交困境的深刻根源。一大批发展中国家的崛起正在逐步改变由西方主导的国际体系,西方国家"只手遮天"的时代正在渐渐远去,操控国际事务与议程的能力也在显著下降。与此同时,西方国家大众的觉醒一方面使得这些国家必须更多地回应民众的关切,国家战略的内向性色彩浓重;另一方面,也使得大众日益成为西方资本主义体系的监督者与瓦解人。例如,美国人民已经

---

[1] 杜尚泽,殷淼.习近平会见希腊总理齐普拉斯.人民日报,2015-09-30.
[2] 冯颜利.认清西方民主自由的虚伪本质.光明日报,2016-09-28.

意识到美国已为国际垄断资本所控制，成为其牟利工具。美国人民的抗议声浪日益向华尔街国际资本集中。2011年，美国人发动的是"占领华尔街"运动，而不是"占领白宫"。关于这一点，毛泽东早在1965年会见斯诺时便指出："美国人需要再解放，这是他们自己的事。不是从英国的统治下解放，而是从垄断资本的统治下解放出来。"[1] 如今西方国家的内部矛盾正好说明了这一点。

当然，西方当前困境还远不足以导致资本主义"危机总爆发"。现在敲响的恐怕只是资本主义的"警钟"，还远不是"丧钟"。马克思在1859年《〈政治经济学批判〉序言》中指出，"无论哪一个社会形态，在它所能容纳的全部生产力发挥出来以前，是决不会灭亡的"[2]。客观地看，当代西方资本主义仍有强大实力基础，生产力仍有进一步释放的空间。西方资本主义国家经过了几百年的发展，也已经具备一定的调节矛盾、应对风险的能力。此外，西方资本主义国家还建立了牢固的同盟，彼此相互策应。就这一点而言，当前西方国家的外交困境只是其国势衰微的序曲，而非挽歌。

---

[1] 毛泽东. 毛泽东文集：第8卷. 北京：人民出版社，1999：412.
[2] 马克思，恩格斯. 马克思恩格斯文集：第2卷. 北京：人民出版社，2009：592.

第八章

从资本逻辑看中国自信

中国正处在发生历史性变革的新时代，全面建成社会主义现代化强国需要树立中国自信，克服当前中国改革发展难题更需要强化中国自信。中国自信来自哪里？来自对世界社会主义运动趋势的深刻把握，来自对西方资本主义困境的深刻观察，来自对中国特色社会主义的全新阐释。树立中国自信不是"狂妄自大"，深刻认识西方困境只是树立中国自信的一个认知前提。中国自信植根于5 000年灿烂文明的深厚土壤，随着全球格局深刻变动，它将沐浴中国特色社会主义进入新时代的春风，在与世界广泛交往和深入融合的历史进程中被日益彰显出来。

一、道路自信

19世纪以来，西方资本主义国家主导着世界现代化的历史进程，后发现代化国家既要突破本土旧势力的阻挠，同时还要应对西方资本势力挑起的竞争。所以，后发现代化国家不可能重蹈西方的老路，必须依据本国实际，寻求具有中国特色的发展道路。中国特色社会主义道路，是实现我国社会主义现代化的必由之路，是创造人民美好生活的必由之路。中国特色社会主义道路，既坚持以经济建设为中心，又全面推进经济建设、政治建设、文化建设、社会建设、生态文明建设以及其他各方面建设；既坚持四项基本原则，又坚持改革开放；既不断解放和发展社会生产力，又逐步实现全体人民共同富裕、促进人的全面发展。这是一条人间正道，只有这条道路而没有别的什么道路，能够引领中国进步、增进民生福祉。

社会主义不是一种一成不变的东西，和其他任何社会制度一样，是经常变化和改革的。中国特色社会主义道路首先坚持的是"社会主义",但不囿于以苏联为代表的传统社会主义模式。1953年斯大林逝世后,苏联国内和党内出现了许多新情况、新问题。毛泽东觉察到苏联模式的弊端,提出要在中国实现马克思主义与中国实际的第二次结合,独立探索有别于苏联模式、切合中国国情的社会主义建设道路。1982年9月1日,邓小平在党的十二大上的开幕词中指出:"把马克思主义的普遍真理同我国的具体实际结合起来,走自己的道路,建设有中国特色的社会主义,这就是我们总结长期历史经验得出的基本结论。"党的十一届三中全会以来,中国共产党带领全国各族人民在总结正反两方面历史经验的基础上,提出一系列重大理论创新和战略举措,中国特色社会主义道路在改革开放的伟大实践中愈加清晰、愈加开阔。这是一条有别于西方资本主义发展模式和苏联模式的创新之路,从根本上打破了对西方资本主义发展路径的依赖。这条创新之路的关键举措就是改革开放,如同党的十四大报告指出的一样,"新时期最鲜明的特点是改革开放"。英国学者马丁·雅克评价说:"中国共产党执政这一事实始终对西方的中国政策产生了深刻影响,的确,偏见似乎可能持续很长的时间……但是,根据中国近年来的经历,我们应当比过去更多地将共产主义视为多元化模式:中国共产党与苏联共产党大不相同,自1978年以来,中国共产党采取了完全不同的战略,它所展示的灵活性和实用主义与苏联共产党截然不同。"① 中国特色社会主义道路的成功开辟,为世界社会主义运动重新焕发生机提供了重大启示,在中国特色社会主义的感召和引领下,世界社会主义运动逐渐从低谷中走了出来。

  2004年5月11日,美国高盛公司高级顾问、清华大学教授乔舒亚·库珀·雷默在英国外交政策研究中心发表了一份研究报告,题为《北京共识》。在这份研究报告中,乔舒亚·库珀·雷默全面总结了中国社会主义改革开放的经验,在国际社会提出了用"北京共识"取代"华盛顿共识"的观点。乔舒亚·库珀·雷默认为,"中国模式"是一条适合中国国情和社会需求、寻求公正与高质增长的发展道路,主张"使用影响力把想要踩踏自己脚趾的霸权大国挪开",谋求维护有利于发展的良好国际环境。当

---

① 雅克. 当中国统治世界:中国崛起和西方世界的衰落. 北京:中信出版社,2010:338.

2008年金融危机爆发之后，"中国模式"不但成了国际社会学习的模范，也成为许多其他发展中国家青睐的对象。为什么会出现这种情形？这主要是因为，拉美国家在20世纪后期出现了经济危机，苏联的"休克疗法"最终也走向失败，而这些都与西方的新自由主义经济政策（"华盛顿共识"）有一定关联。在全球化形势下，对发展中国家来说搞现代化建设是一个新课题，而"华盛顿共识"还存在一些难以克服的局限性，因此更多的人开始关注中国智慧、中国方案。乔舒亚·库珀·雷默发明"中国模式"这一新概念，主要是想全面概括中国经济发展的驱动力和制度特征。他认为，"中国正在开辟一条通往发展的新道路，这条道路建立在创新、积聚非对称性力量、实现以人为本的发展和注重个人权利和责任的平衡基础上"[1]。在乔舒亚·库珀·雷默看来，"中国模式"具有不同于甚至好过"华盛顿共识"的普适意义。他注意到："中国目前正在发生的情况，不只是中国的模式，而且已经开始在经济、社会以及政治方面改变整个国际发展格局。……中国正在指引世界其他一些国家在有一个强大重心的世界上保护自己的生活方式和政治选择。这些国家不仅在设法弄清如何发展自己的国家，而且还想知道如何与国际秩序接轨，同时使它们能够真正实现独立。"[2]

道路自信有着深刻的历史根源和现实基础，有改革开放以来伟大实践取得的丰硕成果做印证，有党的执政理念和执政能力的成熟和提升，有中国特色社会主义道路所展现出的光明前景，有中国最广大的人民群众受惠于改革开放所产生的道路认同，以及被时代激发出来的进取之心和奋斗精神。新中国成立初期，毛泽东把中国国情的基本特点概括为人口众多、地大物博、历史悠久、一穷二白。毛泽东说："'穷'，就是没有多少工业，农业也不发达。'白'，就是一张白纸，文化水平、科学水平都不高。"[3] 毛泽东说这话是在1956年，那时的中国是最贫穷的国家。改革开放后，从1979至2012年的33年间，中国的经济增长速度达到9.8%，从总量上看

---

[1] 雷默. 中国形象：外国学者眼里的中国. 北京：社会科学文献出版社，2008：80.
[2] 同①47.
[3] 毛泽东. 毛泽东文集：第7卷. 北京：人民出版社，1999：44.

中国的经济规模已经发展为1978年的24.3倍。自1978年以来，中国对外贸易年增长率达到了16.6%，比GDP的增长还高出6.6个百分点。1978年的对外贸易总值是206亿美元，2012年达到38 668亿美元，在34年间完成了187倍的飞跃式增长[1]。作为一个超大型国家，在没有发生剧烈动荡的情况下实现了改革、发展、稳定的有机统一，实现了中国近代史上从未有过的连续30多年长时期、大跨度的迅猛发展，"中国奇迹""中国速度"为世人称道！

道路自信靠的是中国人自己的勤劳和智慧，没有脚踏实地地从事生产和发展实业，是不可能产生"中国速度"的。西方资本主义国家的情况却不同：经济金融化、虚拟化不断加速，金融资产运作脱离实体经济走得越来越远，导致实体经济不断衰落。据有关媒体报道，2012年全世界金融市场上，股票和债券交易额超过600万亿美元，是商品和服务贸易的10倍。另有资料称，实体经济每年创造的世界财富大约为45万亿欧元，而在金融领域资本运作市场的市值则高达2 450万亿欧元[2]。与"一穷二白"的中国相比，现在中国已经是世界第一大沿海港口国家，是高速铁路和快速城际铁路里程最长的国家，而且超过美国成为世界高速公路里程最长的国家，还是世界大国中全国性综合交通枢纽最多的国家。"中国正在建设世界最长的大容量、高效率、跨区域特高压输电网，水电装机和风电并网装机分别在2004年和2010年超过美国，两项技术都成为世界第一，清洁能源占全国总发电量的近30%。"[3] 中国"现在已成为世界第一大制成品出口国、第一大制造业增加值国家，2010年打破了美国自1890年以来垄断了120多年的世界头号工业大国的地位"。2013年中国的"货物进出口总额4.16万亿美元，超过美国2 500多亿美元，成为世界货物贸易第一大国。中国已经从最大的'世界工厂'变为最大的'世界市场'"[4]。

虚拟经济的崛起摧毁了西方国家的大工业生产体系，资本主义赖以存续的物质技术基础被严重削弱。金融业、生产服务业的扩张使资本主义陷

---

[1] 玛雅. 中国道路与中国学派. 北京：中信出版社，2016：43.
[2] 黄振奇，黄海燕. 发达资本主义国家的经济发展前景黯淡. 红旗文稿，2016（20）：34.
[3] 同[1]9.
[4] 同[1]12.

入一个"没有生产的社会",由此导致危机爆发:消费疲软、投资乏力、利率低下、流动性过剩、失业人口日益增多、收入下降等①。依据艾丹·里根2013年的研究,金融危机之后希腊、西班牙、葡萄牙、爱尔兰的失业率一度高达27%、26%、17%和15%左右。更令人担忧的是失业危机在这些国家内部的分布情况。在西班牙、意大利、葡萄牙和希腊,全国年轻人的失业率处于42%~56%②。然而,在社会主义中国,社会发展呈现出一番欣欣向荣的景象。尽管社会矛盾冲突也是客观事实,但民生与社会事业还在不断向前发展。意大利学者洛丽塔·纳波利奥尼在《中国道路:一位西方学者眼中的中国模式》一书中写道:"经济危机将整个欧美变成人人自危的恐怖之地……然而在中国,人们在见证经济高速增长的同时,幸福感也与日俱增。"中国的"居民消费结构呈现良性变化趋势,恩格尔系数从初期的60%以上(贫困状态),降至目前的40%以下(小康向全面小康过渡),等等"③。如果按照世界银行的贫困标准计算,从1978年到2004年,中国贫困人口的绝对数量从6.52亿降至1.35亿,5亿多人摆脱了贫困。世界银行的一份报告赞叹道,中国"在如此短的时间里使如此多的人摆脱了贫困,对于全人类来说这是史无前例的"。中国的经济发展水平不仅反映在数量上的高速度和持续增长,从民生与社会建设领域看也取得了实质性的巨大发展。

1989年10月,邓小平在会见外宾时说:"我们搞的是有中国特色的社会主义,是不断发展社会生产力的社会主义,是主张和平的社会主义。只有不断发展社会生产力,国家才能一步步富强起来,人民生活才能一步步改善。只有争取到和平的环境,才能比较顺利地发展。"④ 与中国一贯主张的互利共赢立场不同,西方资本主义的扩张则处处打着掠夺、霸权和战争的烙印。美国的"军事-工业联合体"每年都会被《财富杂志》评定为"500强",但这种财富光环掩盖不了由战争支撑的巨额军费开支。2008年

---

① 格雷德. 资本主义全球化的疯狂逻辑. 北京: 社会科学文献出版社, 2003: 478-479.
② 里根. 欧洲资本主义多样性中的政治紧张关系: 欧洲民主国家的危机. 国外理论动态, 2015 (7): 48.
③ 中华人民共和国国家统计局. 中国统计年鉴2011. 北京: 中国统计出版社, 2012.
④ 邓小平. 邓小平文选: 第3卷. 北京: 人民出版社, 1993: 328.

11月17日的《国际先驱导报》称:"五角大楼的预算,包括在伊拉克战争和阿富汗战争中的花费,已经达到了6 850亿美元,以美元实际价格计算,比2000年增长的85%,等于世界上其他所有国防预算的总和,是二战以来的最高水平。"[1] 西方的资本主义政党都要依仗利益集团的竞选捐助,所以当它们上台之后就得不断回馈利益集团的先期资助,要么通过免税,要么通过政策扶植,而有的时候这种回馈是不计较公共利益的,甚至会凌驾于整个国家利益之上。反之,中国特色社会主义道路是一条和平发展之路,和平崛起的中国与改革开放伟大实践共同强化了中国人的道路自信。

二、 理论自信

中国共产党创立的中国特色社会主义理论体系,对当代中国改革发展具有重大意义。它回答了在经济文化比较落后的中国建设什么样的社会主义、怎样建设社会主义的历史课题。它丰富和发展了科学社会主义,为其增添了特色鲜明的新内容;同时奠定了全党和全国各族人民团结奋斗的共同思想基础和精神力量。中国特色社会主义理论体系涵盖了思想路线、根本目的、根本任务、发展阶段、发展战略、发展动力、经济建设、政治建设、文化建设、社会建设、国防和军队建设、依靠力量、统一大业、外交和国际战略、领导核心和党的建设等。这十五个方面是用具有中国气派的话语表达的科学体系,其精神实质和主题内容源于中国革命、建设和改革的历史实践,其理论价值和现实意义已经在当代中国政治、经济和社会发展中充分彰显出来。

理论自信主要源于道路自信,没有中国特色社会主义道路的成功开辟,理论自信就无从谈起。"真理只有一个,而究竟谁发现了真理,不依靠主观的夸张,而依靠客观的实践。只有千百万人民的革命实践,才是检验真理的尺度。"[2] 依据马克思主义基本原理,解决社会矛盾的手段不应当从头脑中发明出来,而应当通过头脑从生产的现成物质事实中发现出来。

---

[1] 多德.不平等与全球经济危机.北京:中国经济出版社,2011:119.
[2] 毛泽东.毛泽东选集:第2卷.北京:人民出版社,1991:663.

中国在很大程度上能够摆脱苏联模式的束缚，走上中国特色社会主义道路，根本原因不是中国共产党人的头脑中事先就有了一个新的观念，而是亿万人民的伟大智慧和首创精神，以及他们在"希望的田野上"的伟大创举。克服苏联模式弊端的手段并不是从中国共产党人的头脑中发明出来，而是从家庭联产承包责任制中产生出来。中国化马克思主义的理论成果在不同时期指导实践取得的成就，巩固了党和人民的信心，党对中国特色社会主义的坚定自信也是中国特色社会主义实践的回声。所以，是中国特色社会主义的伟大实践让人们对马克思主义形成了更深刻的认识，从而不断推动马克思主义中国化走向成熟。毛泽东曾经表达过这样一个观点："我们说马克思主义是对的，决不是因为马克思这个人是什么'先哲'，而是因为他的理论，在我们的实践中，在我们的斗争中，证明了是对的。我们的斗争需要马克思主义。"[1] "任何思想，如果不和客观的实际的事物相联系，如果没有客观存在的需要，如果不为人民群众所掌握，即使是最好的东西，即使是马克思列宁主义，也是不起作用的。"[2] 中国人民改革开放的伟大实践完善和发展了中国特色社会主义理论体系，并在实践中不断增强人们对中国特色社会主义的理论自信。

中国特色社会主义道路之所以取得巨大的成功，主要原因就是改革开放充分调动了亿万人民的积极性和创造性，在这个意义上，中国共产党指导思想的彻底性发挥了重大影响。正如马克思说的："理论一旦掌握群众，也会变成物质力量。"马克思主义之所以经由中国共产党在中国发挥广泛、长远的影响力，关键在于抓住了"人的根本"。就像达尔文发现有机界的发展规律一样，马克思发现了人类历史的发展规律，即"人们首先必须吃、喝、住、穿，然后才能从事政治、科学、艺术、宗教等等；所以，直接的物质的生活资料的生产，从而一个民族或一个时代的一定的经济发展阶段，便构成基础，人们的国家设施、法的观点、艺术以至宗教观念，就是从这个基础上发展起来的，因而，也必须由这个基础来解释，而不是像

---

[1] 毛泽东.毛泽东选集：第1卷.北京：人民出版社，1991：111.
[2] 毛泽东.毛泽东选集：第4卷.北京：人民出版社，1991：1515.

过去那样做得相反"①。马克思主义是科学的世界观和方法论，其出发点是现实的个人，归宿点是人的解放。共产党坚持马克思主义，并以最终实现人的自由全面发展为己任。中国共产党坚持以人民为中心的执政理念，是对马克思主义人的学说的继承和发展，这是中国特色社会主义理论体系的深厚基础。

从创新性的角度讲，只有敢于攻坚克难、推陈出新的理论体系才是有生命力的。历史不断证明，只要是改革，就难免遭遇无数困难和挑战，在前人没有说、没有做过的情况下，只能大胆地试、大胆地闯。改革开放取得的巨大成就，使我们在中国特色社会主义市场经济体制建设中充满了信心，正是这种信心坚定了我们在经济理论上的自信。1985年10月23日，邓小平在会见美国时代公司组织的美国高级企业家代表团时说："社会主义和市场经济之间不存在根本矛盾。问题是用什么方法才能更有力地发展社会生产力。我们过去一直搞计划经济，但多年的实践证明，在某种意义上说，只搞计划经济会束缚生产力的发展。把计划经济和市场经济结合起来，就更能解放生产力，加速经济发展。"1987年2月6日他在与几位中央负责同志谈话中进一步指出："为什么一谈市场就说是资本主义，只有计划才是社会主义呢？计划和市场都是方法嘛。只要对发展生产力有好处，就可以利用。它为社会主义服务，就是社会主义的；为资本主义服务，就是资本主义的。"② 目前，中国已经从理论上搞懂了资本主义与社会主义的区别不在于是计划还是市场。社会主义也有市场经济，资本主义也有计划控制，主要看怎样解放和发展社会生产力，这才是问题的关键。中国特色社会主义进入新时代，将会紧扣我国社会主要矛盾的变化，在"两个一百年"奋斗目标的历史交汇期继续解放和发展生产力，建设社会主义现代化经济体系，推动经济持续健康发展。

曾经有较长一段时间，资本、市场在社会主义国家都是敏感词，它们被看作资本主义社会腐朽的象征，只要是社会主义国家就不能拿资本、市场"开道"。但在中国，中国共产党以巨大的政治勇气发展了社会主义市

---

① 马克思，恩格斯．马克思恩格斯文集：第3卷．北京：人民出版社，2009：601.
② 邓小平．邓小平文选：第3卷．北京：人民出版社，1993：203.

场经济，党的十八届三中全会提出要突破一切体制机制弊端，让包括资本在内的各种生产要素竞相迸发活力。马克思、恩格斯曾经说过"资本是集体的产物，它只有通过社会许多成员的共同活动，而且归根到底只有通过社会全体成员的共同活动，才能运动起来。因此，资本不是一种个人力量，而是一种社会力量。因此，把资本变为公共的、属于社会全体成员的财产，这并不是把个人财产变为社会财产。这里所改变的只是财产的社会性质。它将失掉它的阶级性质"①。中国共产党在科学理论的指导下、在实践摸索中逐渐积累了驯服驾驭资本的能力。改革开放以来，中国从活跃资本市场的角度大力推动公共服务、产权制度、分配制度、国际贸易等领域的综合改革，形成了一套具有中国特色的经济体系和理论观点。公有制经济与非公有制经济优势互补、共同发展，极大地促进了经济的繁荣发展。相比之下，西方资本主义是在僵化地维持"守夜人"政府，任由资本肆意妄为、不断榨取剩余价值，一些政党和利益集团甚至还参与到资本运作的过程中。金融危机过后，西方国家逐渐认识到问题的重要性，开始将政治改革的重点放到了恢复政府的自主性以及优化公共事务方面。欧洲的政府侧重于服务方式的调整，美国也做出尝试，如奥巴马政府在2010年颁布了"说客限制禁令"、美国联邦选举委员会于2013—2014年选举周期对政治竞选捐款总额设限等，这些改革努力都是为了遏制资本和利益集团对政治过程的干涉。但遗憾的是，由于保守势力比较强大，改革没有持续下去，收效甚微。西方资本主义国家及其政党由于难以从根本上改变自身的资本属性，只能强忍度过周期性经济危机。

理论自信不等于故步自封、死守本本，而是"要以我国改革开放和现代化建设的实际问题、以我们正在做的事情为中心，着眼于马克思主义理论的运用，着眼于对实际问题的理论思考，着眼于新的实践和新的发展"②。坚定理论自信，必须坚持一切从实际出发，在实践中检验真理和发展真理。坚定理论自信，必须以中国问题为中心，着眼于马克思主义在当

---

① 马克思，恩格斯．马克思恩格斯文集：第2卷．北京：人民出版社，2009：46．
② 中共中央宣传部．习近平总书记系列重要讲话读本：2016年版．北京：学习出版社，2016：26．

代中国的运用和转化，着眼于鲜活实践和新的发展。中国共产党在领导中国革命、建设和改革的实践中，先后开创了中国特色革命道路和中国特色社会主义道路，实现了马克思主义中国化的两次历史性飞跃，产生了两大理论成果，即毛泽东思想和中国特色社会主义理论体系。党的十八大以来，国内外形势变化和我国各项事业发展给我们提出重大时代课题，这就是必须从理论和实践结合上系统回答新时代坚持和发展什么样的中国特色社会主义，怎样坚持和发展中国特色社会主义。党的十九大提出习近平新时代中国特色社会主义思想，为决胜全面建成小康社会，全面开启建设社会主义现代化国家新征程提供了行动指南和基本策略，进一步丰富和发展了中国特色社会主义理论体系。两大理论成果有一个贯穿始终的哲学思想——解放思想，实事求是。中国特色社会主义理论体系是发展了的马克思主义，是与时俱进的马克思主义，它紧跟时代发展，彰显了浓郁的"中国气派"，特别是习近平新时代中国特色社会主义思想，既展现了中国化马克思主义的盎然生机，又为我们继续拓展科学社会主义理论打开了广阔空间。

三、制度自信

习近平总书记指出："没有坚定的制度自信就不可能有全面深化改革的勇气，同样，离开不断改革，制度自信也不可能彻底、不可能永远。我们全面深化改革，是要使中国特色社会主义制度更好；我们说坚定制度自信，不是要固步自封，而是要不断革除体制机制弊端，让我们的制度成熟而持久。"[①] 中国特色社会主义制度，坚持把根本政治制度、基本政治制度同基本经济制度以及各方面体制机制等有机结合起来，坚持把国家层面民主制度同基层民主制度有机结合起来，坚持把党的领导、人民当家作主、依法治国有机结合起来，符合我国国情，既坚持了社会主义的根本性质，又借鉴了古今中外制度建设的有益成果，集中体现了中国特色社会主义的优势，是中国发展进步的根本制度保障。

---

① 习近平. 习近平谈治国理政. 北京：外文出版社，2014：106.

过去，有的人只看到中国体制存在的弊端，把西方资本主义制度奉为"至宝"，福山更是提出"历史终结论"，认为自由民主是人类历史发展的终点。可西方资本主义制度就是最理想的吗？自认为是通过公开、透明的选举而产生的总统，并不一定会体现出高尚的素养和执政水平。尼克松因为违背了西方的游戏规则，对竞争对手进行窃听而辞去总统职位；把美国搞得一团糟的小布什总统，在美国遭到卡特琳娜飓风袭击时毫无办法、应对不力；2017年当选的特朗普连一天州长都没当过，却可以入主白宫。当然，我们可以说美国的社会自治能力较强，但这种制度是不可以复制移植的。西方学者注意到，在中国，"只有那些在基层政府表现卓越的人才能一步步走向最高领导岗位，经过尚贤方式选拔的领袖不大可能犯下初学者的错误"；"他们有更多的时间去思考合理的政策而不是把时间浪费在筹款和一次次发表同样的竞选演说上"[1]。随着世界开放性的增强，西方的"选举民主"越来越暴露出自己的短板和丑陋的一面，而中国特色社会主义制度越来越显示出独特的优势，所以有西方学者提出他们的制度应该学习中国"尚贤"的实践。

坚持党的领导是制度自信的根基和最主要来源。在革命战争年代，如果我们的军队没有共产党领导，如果没有共产党领导的革命的军事工作与革命的政治工作，那是不能设想的。古田会议确立了党对军队的绝对领导，使党的武装首次具有了政治灵魂；也就是说，中国共产党手中的"刀把子"开始有了明确的政治指向[2]。这使中国共产党领导的工农武装力量被改造成党领导下的、为中华民族伟大复兴事业保驾护航的政治力量。中国共产党特别重视自身的建设，从苏东剧变中得出一个重要认识：不能容忍党放任自身组织功能的退化。针对基层党组织弱化的问题，针对大量的腐败和作风问题，中国共产党实施了一系列完善措施，加强党的领导，提高党的执政能力和执政水平，在中国的改革发展进程中充分发挥了先锋队作用。此外，中国共产党领导的多党合作和政治协商制度也不断完善和发

---

[1] 贝淡宁. 贤能政治：为什么尚贤制比选举民主制更适合中国. 北京：中信出版集团，2016：XVIII.

[2] 张文木. 重温毛泽东战略思想. 济南：山东人民出版社，2016：24.

展，从国家层面到各级地方都普遍建立起政治协商制度，在现代国家治理体系发挥了积极作用。

人民代表大会制度是我国的根本政治制度。习近平总书记指出："在中国实行人民代表大会制度，是中国人民在人类政治制度史上的伟大创造，是深刻总结近代以后中国政治生活惨痛教训得出的基本结论，是中国社会一百多年激越变革、激荡发展的历史结果，是中国人民当家作主、掌握自己命运的必然选择。"[①] 皮尤研究中心 2008 年就国民对国家总体状况的满意度在 24 个国家进行民调，结果显示中国 86% 的受访者对自己的国家感到满意，比排名第二的澳大利亚高出 25 个百分点；英国、法国、德国的满意度只有三成，而美国仅有 23% 的受访者表示满意。2013 年该中心的又一次全球态度调查显示，85% 的中国人对本国发展方向"十分满意"，而在美国这一数字仅为 31%[②]。为什么会形成这么大的反差？主要在于中国真正建立起人民的政权，人民代表大会制度充分保障了人民的权益，中国的制度能够最大限度地维护和实现全中国人民的整体利益。而在西方世界，政治冷漠呈现扩大趋势，人们普遍对投票选举出来的总统和议员不信任。美国民意调查机构拉斯穆森报告（Rasmussen Reports）在 2014 年秋季进行的一项民意调查显示，63% 的人认为大多数国会议员为了获得现金或竞选献金，会出卖他们的选票，并且有 59% 的人认为他们自己的议员可能已经这么做了。66% 的人认为大多数国会议员不在乎选民的想法，51% 的人甚至认为他们选区的议员不在乎他们的想法[③]。与西方的代议制民主相比，人民代表大会制度具有全面的代表性；与西方的贿选集团化相比，人民代表大会制度真正代表人民，赋予人民应有的权利。

工业革命以来，西方资本主义国家的自负心态越发膨胀，它们在世界范围内垄断了话语权，虽然一向标榜人权、自由、民主的普世价值，但实施起来却大打折扣。2008 年 3 月在日内瓦举行的联合国人权理事会上，埃

---

① 全国人大常委会办公厅，中共中央文献研究室．人民代表大会制度重要文献选编（四）．北京：中国民主法制出版社，中央文献出版社，2015：1764．
② 章传家，马占魁，赵周贤．中国自信．北京：人民出版社，2016：116 - 117．
③ 赖克．拯救资本主义：重建服务于多数人而非少数人的新经济．北京：中信出版集团，2017：186．

及代表整个非洲集团提出了一个决议草案,题为《从夸夸其谈走向实际行动》,其内容是呼吁世界各国采取行动,消除种族主义、种族歧视、仇外心理和相关不容忍现象。其中,提到欢迎澳大利亚政府正式道歉这一"划时代的历史性举动","欢迎澳大利亚政府对过去给其土著居民造成沉重伤痛、苦难和损失的法律和政策表示正式道歉",并"促请尚未这样做的国家政府向过去和历史上不公正的受害者进行正式道歉,并采取一切必要措施愈合创伤,取得和解"。然而,这一决议草案遭到了西方代表的反对。欧盟发言认为此提案的语言不妥,不应该把一部分国家单独列出来进行批评①。显然,西方倡导的普世价值是有边界的,并非如它们宣讲的那么纯粹。与西方的种族歧视和种族不平等相比,中国倡导各民族之间平等友好相处,并通过民族区域自治制度来保障。习近平指出:"要正确把握党的民族、宗教政策,及时妥善解决影响民族团结的矛盾纠纷,坚决遏制和打击境内外敌对势力利用民族问题进行的分裂、渗透、破坏活动。"② 中华人民共和国成立后,中国政府开始在少数民族聚居的地方全面推行民族区域自治制度,民族区域自治地方的面积占全国国土总面积的60%以上。中国政府自第一个五年计划开始,就在民族区域自治地方安排了一大批重点建设项目。国家通过"西气东输""西电东送"等工程,投资建设青藏铁路等设施,帮助民族区域自治地方进一步把资源优势转化为经济优势。从1999年开始,中国政府大规模地实施惠及所有民族区域自治地方的"县际和农村公路建设"等一大批交通基础设施建设项目,"投资近1 000亿元人民币,新建和改造了22.5万公里农村和县级道路,使一些少数民族地区落后的交通条件得到了显著改善"③。

社会主义市场经济推动社会变迁,让中国释放了前所未有的自由和活力,但的确产生了较多的社会矛盾问题,社会关系及其道德纽带在某些领域也存在商品货币化的倾向。中国共产党和中国政府以强大的社会责任

---

① 张维为.中国触动:百国视野下的观察和思考.上海:上海人民出版社,2012:131.
② 习近平在中共中央政治局第十四次集体学习时强调:切实维护国家安全和社会安定 为实现奋斗目标营造良好社会环境.人民日报,2014-04-27.
③ 徐鸿武,李敬德,朱峻峰.制度自信:在习近平总书记系列重要讲话精神指引下推进民主政治建设.北京:社会科学文献出版社,2016:134.

感，清醒地认识到构建社会主义和谐社会的必要性，十分重视社会体制的改革，尽最大努力将社会冲突的破坏力降到最低点。党的十八届三中全会在关于全面深化改革的战略部署中强调，在进入全面建成小康社会的决定性阶段，必须紧紧围绕更好保障和改善民生、促进社会公平正义、深化社会体制改革，推进社会领域制度创新，推进基本公共服务均等化，建立更加公平可持续的社会保障制度。加快推进新时期保障领域的制度改革和创新，必须准确把握新形势、新要求，明确改革的基本原则和主要任务，多管齐下，建立健全公平、可持续的社会保障制度。但在西方资本势力主导的社会体制下，消费主义盛行、伪装欺诈泛滥，物质利益占据了文化和精神的制高点，以金钱衡量人的奋斗和职业成就，已经成为西方资本主义社会一个特征。所以，当金融危机来临时，美国1.5万亿美元的劣质贷款被"神奇地"包装成了"优质金融产品"，得到权威评估机构的认可，有些还变成了3A级金融产品，然后再卖给各国的银行。这些金融大鳄钻了法律漏洞、利用了一切可以利用的灰色领域，坑蒙拐骗，无所不做，而且一切都做得道貌岸然、成熟老练，特别是"金融欺诈"和"监管套利"等行为令人发指，导致美国百姓财富大缩水，殃及全世界[1]。如果社会中的经济精英或政治精英都不尊重普通公民，那么，市场、法律和民主制度再完美都是不够的。西方资本主义国家如果不能重拾社会责任，实现经济社会的健康发展就是一件遥远的事情。

西方爆发的经济危机印证了一个事实：经济危机必然导致政治危机和社会动荡。美国发生了"占领华尔街"运动，英国上演了震惊世界的伦敦骚乱，加拿大则发生了史上最大规模的学潮——"魁北克之春"。法国更像一个火药桶，一场庆祝巴黎圣日尔曼队获得法甲冠军的庆祝活动演变成了激烈的球迷骚乱，治安更是混乱到令人惊心的程度。法国75个奢侈品牌联合向政府呼吁，要求改善治安，保护游客特别是中国游客的安全。至于西班牙、希腊、葡萄牙和意大利等国家几乎天天举行抗议和示威活动，真可谓"阿拉伯之春"席卷西方。危机最终波及了西方最后的"净土"——

---

[1] 张维为. 中国超越：一个"文明型国家"的光荣与梦想. 上海：上海人民出版社，2014：61-62.

素有"和平绿洲"美誉的北欧[1]。西方资本主义国家向来认为它们的民主制度最能吸纳民意、保障公民权利,可是在混乱的治安状况下,所谓"先进的"西式民主依然束手无策。

我们要做自觉和清醒的制度自信者,我们坚定制度自信,但拒绝西方资本主义那样名不副实的狂妄自傲。中国特色社会主义制度是一个制度体系。这套制度体系具备高度的现代性特征,而且与当今中国社会发展的历史进程相吻合。有些人不断强调"没有政治体制改革,中国的未来只有死路一条"的观点,把中国改革发展面临的所有问题都极其简单化地归于"体制"问题。邓小平在《党和国家领导制度的改革》这篇经典文献中坚定地认为:"如果不坚决改革现行制度中的弊端,过去出现过的一些严重问题今后就有可能重新出现。只有对这些弊端进行有计划、有步骤而又坚决彻底的改革,人民才会信任我们的领导,才会信任党和社会主义,我们的事业才有无限的希望。"[2] 所以,如今中国共产党号召全党和全国人民必须以更大的政治勇气和智慧,不失时机深化重要领域改革,坚决破除一切阻碍发展的思想观念和体制机制弊端,构建系统完备、科学规范、运行有效的制度体系,使各方面制度更加成熟、更加定型。全面深化改革、完善和发展中国特色社会主义制度、推动国家治理体系和治理能力现代化,这是中国未来形成更大制度自信的重要前提和基础保障。到21世纪中叶,我国物质文明、政治文明、精神文明、社会文明、生态文明将全面提升,实现国家治理体系和治理能力现代化,成为综合国力和国际影响力领先的国家。

四、文化自信

历史学家汤因比说,我们持续探究的对象是唯一延续至今的社会的背景。道路自信、理论自信和制度自信,归根结底靠的是一种文化自信,这是中国特色社会主义从创立到发展的"背景"和"土壤"。文化对一个国

---

[1] 宋鲁郑. 中国能赢Ⅲ:中国政治自信从何而来. 北京:红旗出版社,2015:20.
[2] 邓小平. 邓小平文选:第2卷. 北京:人民出版社,1994:333.

家的经济、政治和社会发展有着越来越深刻的影响。党的十七大报告指出，"当今时代，文化越来越成为民族凝聚力和创造力的重要源泉、越来越成为综合国力竞争的重要因素"①。中国必须"提高国家文化软实力"。1987年，党的十三大把我们在社会主义初级阶段的基本路线确定为"把我国建设成为富强、民主、文明的社会主义现代化国家"，这就是将"精神文明"同"经济富强""政治民主"并列为中国特色社会主义现代化建设的战略目标。党的十四大后，党中央坚持解放思想、实事求是、与时俱进的思想路线，立足文化建设的新形势，提出"建设中国特色社会主义文化"这一概念和"文化是综合国力的重要标志"这一新的论断，提出党要代表中国先进文化的前进方向，这些都是我国在社会主义市场经济确立后有关文化发展战略的重大进步。2011年10月18日，中国共产党第十七届中央委员会第六次全体会议通过《中共中央关于深化文化体制改革 推动社会主义文化大发展大繁荣若干重大问题的决定》，提出"坚持中国特色社会主义文化发展道路，努力建设社会主义文化强国"。提高国家文化软实力，努力建设社会主义文化强国，已经成为中国实现全方位和平崛起的必然要求。党的十八大以来，习近平同志在许多场合提到了文化自信。2014年2月24日，在中央政治局第十三次集体学习中，他提出要"增强文化自信和价值观自信"。2016年5—6月他连续两次强调"文化自信"的重要性，指出"我们要坚定中国特色社会主义道路自信、理论自信、制度自信，说到底是要坚持文化自信"，要引导党员特别是领导干部"坚定中国特色社会主义道路自信、理论自信、制度自信、文化自信"。在庆祝中国共产党成立95周年大会上，习近平对文化自信特别加以阐释，指出"文化自信，是更基础、更广泛、更深厚的自信"。文化自信于是成为继道路自信、理论自信和制度自信之后，中国特色社会主义的"第四个自信"。

　　文化自信是中国共产党和中国人民对自身文化生命力的坚定信念。在漫长的历史长河中，5 000多年独具特色、辉煌灿烂的中华文明，成为我们坚定中国文化自信的历史依据。但鸦片战争以后，由于中华民族饱受外

---

① 胡锦涛．高举中国特色社会主义伟大旗帜　为夺取全面建设小康社会新胜利而奋斗——在中国共产党第十七次全国代表大会上的报告．北京：人民出版社，2007：33．

强侵略和凌辱,中国文化曾一度遭受否定和唾弃。一些人甚至对自己的文化传统持否定的态度——认为中国数千年的文明史就是一部专制史,一切都要推倒重来。中华文明是世界上唯一维系了5 000年而没有中断的伟大文明,其文化传统的多样性、文化内涵的丰富性可谓世界之最。中国文化和价值是中国人骨子里的东西,怎么可能撕得干干净净!文化,说到底是一个民族心理及行为方式的长期沉淀,没有对民族文化的深刻认识,就很难搞清楚我们从哪里来,到哪里去。从这个意义上,中华民族历久弥新的文化传统至今依然是中国特色社会主义文化自信的重要基因。

费正清在《观察中国》中指出:"以人权这一新的美国宗教为例,它与文化有超过我们想象的密切联系。在中国,人权不会成为主要教义,除非它成为和美国一样的法治社会,但这在很长一段时间内似乎难以实现。"[1] 在全球化进程中,在中国传统文化同西方文化激烈交锋、碰撞的过程中,西方人也开始对中国文化产生了浓厚的兴趣,但是文化差异所形成的张力使西方人对中国文化的心态比较复杂,他们要么排斥,要么吸收。无论从哪个方面看,都足以证明中国文化的感召力正在增强。李约瑟曾极力主张,"今天保留下来的各个时代的中国文化、中国传统、中国社会的精神气质和中国人的事事物物,将对日后指引人类世界做出十分重要的贡献",所以他一再声明"要按东方见解行事"[2]。李约瑟的论断不是空穴来风,有学术良心的西方学者普遍承认,中国至少在1 500年内,在政治、经济、文化、科技等方面都全面领先于西方。5 000年绵延不断的历史使中国几乎在人类知识的所有领域都形成了自己的知识体系和实践传统。今天我们学习马克思主义的唯物辩证法,知道它主要来源于黑格尔哲学,而黑格尔就是一个地地道道的老子门徒,黑格尔的《哲学史讲演录》专门探讨了孔子、易经和道家的哲学思想。欧洲启蒙运动可以称得上是人类历史上一次重大的文化事件,为后来的资产阶级革命和工业革命奠定了思想基础。欧洲启蒙运动的一个主要思想来源是法国思想家伏尔泰对中国文化的

---

[1] 费正清. 观察中国. 北京:世界知识出版社,2008:2.
[2] Joseph Needham. History of human values: a chines perspective for world science and technology. Centennial review,1976(XX):1.

诠释，他十分欣赏中国人的宗教观念。伏尔泰注意到，中国历史上几乎没有宗教战争，而在欧洲历史上宗教战争打了上千年。

人类历史上曾经出现的四大古文明即古埃及文明、古巴比伦文明、古印度文明和中华文明，只有中华文明绵延 5 000 多年且从未中断。这是因为中华文明有强大的国家认同做支撑。纵观古代国家的形成过程，当世界绝大多数文明的氏族组织形式在私有制冲击下迅速土崩瓦解，并让位于以地缘关系为基础的政治性国家之时，中国不仅没有建立在氏族部落的废墟上，还将氏族社会的"忠、孝、仁、义"的道德伦理发扬光大，使其成为国家组织的基本原则，开创了人类历史上独特的"家国一体"的政治形态[1]。从古代到近现代，中国的国家体制和组织形态由先秦的分封制转向秦汉以至明清的帝国体制，到 20 世纪中期完成现代意义的民族国家构建，国人的国家观念亦随之发生变化。总体看来，古代中国的政治文化传统，对近现代国人的民族国家观念、民族国家认同建构产生了深刻影响[2]。儒家理想中的"大一统"和"伦理政治"的系列观念，明确了中国古人国家认同对象的属性及其精神特质，由此铺垫并发展出中国人民对国家认同的基本底色。

当然，中国文化不都是宏大叙事，而是一个充满人情味儿的文化体系。中国人尊老爱幼的文化传承对现在的医保制度和养老制度是一种有益的补充，而在美国那种秉持个人主义的"原子化"社会，你归你，我归我，老人归老人，孩子归孩子，没有类似中国子女尽孝道的观念。许多美国公司专门找"合法"借口来解雇 50 多岁的员工，以减少公司医保和养老的负担。2013 年英国前首相撒切尔夫人去世，她的孩子声明不来料理后事，还要求外界尊重他们的隐私，这在以个人主义为主导的西方社会是可以理解的，但中国人对自己的父母和亲人的方式却与其完全不同[3]。美国微软-全国广播公司网站曾经发表过一篇文章，称《我们的问题不是会计问题，而是道德问题》。当文化和精神领域趋于贫乏和混杂，社会怎么能

---

[1] 章传家，马占魁，赵周贤. 中国自信. 北京：人民出版社，2016：3.
[2] 暨爱民. 国家认同建构：基于民族视角的考察. 北京：社会科学文献出版社，2016：235.
[3] 张维为. 中国超越：一个"文明型国家"的光荣与梦想. 上海：上海人民出版社，2014：57.

实现可持续发展？美国当代著名伦理学家、哲学家阿拉斯代尔·麦金太尔在《德性之后》一书中就指认当代资本主义社会丢掉了自亚里士多德以来的德性传统，人类的道德已处于深刻的危机中。他认为资本主义社会之所以陷入道德危机，表现在三个方面：第一，社会生活中的道德判断的运用，是纯主观的和情感性的；第二，个人的道德立场、道德原则和道德评价的选择，是一种没有客观依据的主观选择；第三，从传统的意义上，德性已经发生了质的改变，并从以往在社会生活中所占据的中心位置退居到生活的边缘[1]。今天，我们生活在一个"全球化资本主义"的房子里。世上大多数人只能住在肮脏而危险的地下室，但所有人都生活在美国、欧洲和亚洲那些强势公司的规则之下。这一点得以实现的基础在于不平等，这种不平等适应了资本主义的目标、手段和势力[2]。在全球化的巨变时代，资本主义无论从广度和深度上都在突飞猛进地扩张，与此同时，以贫富分化为主要特征的不平等也在持续拉大，由此产生了各种风险叠加的社会后果，治安混乱和道德沦丧正在挑战资本主义制度的合法性。

中国文化的丰富性也意味着中国具有海纳百川的文化包容性，可以融多样为一体。过去30多年的中西文化碰撞，不但没有使多数中国人丧失文化自信，反而促进了中国人新的文化自觉。这是一种国家全方位对外开放情况下形成的文化自觉，其意义非同凡响。外国许多好东西与中国文化碰撞后，不仅没有削弱中国文化，而且把中国文化呈现得精彩万分[3]。不忘本来才能开辟未来，善于继承才能更好创新。中华优秀传统文化是中华民族的"根"和"魂"，如果丢掉了就等于割断了我们的"精神命脉"。推动中国文化大发展大繁荣，"要讲清楚中国特色社会主义植根于中华文化沃土、反映中国人民意愿、适应中国和时代发展进步要求，有着深厚历史渊源和广泛现实基础"。要"站立在960万平方公里的广袤土地上，吸吮着中华民族漫长奋斗积累的文化养分，拥有13亿中国人民聚合的磅礴之力，我们走自己的路，具有无比广阔的舞台，具有无比深厚的历史底蕴，具有

---

[1] 麦金太尔.德性之后.北京：中国社会科学出版社，1995：2.
[2] 多德.不平等与全球经济危机.北京：中国经济出版社，2011：99.
[3] 张维为.中国震撼：一个"文明型国家"的崛起.上海：上海人民出版社，2011：69.

无比强大的前进定力。中国人民应该有这个信心，每一个中国人都应该有这个信心"[1]。中华优秀传统文化是中华文化发展繁荣的条件，必须结合新的时代条件传承和弘扬好中华优秀传统文化，也只有如此才能让中华优秀传统文化成为治国理政的重要思想文化资源。

中国的发展离不开世界，世界的发展也不能撇开中国。在全球化的今天，超越国际背景很难深入理解一个国家的发展道路。从 20 世纪后期开始，世界形势发生明显变化，尽管还有局部动荡和局部战争，但和平与发展成为时代主题。社会主义无法超越历史条件的限制，只有顺应时代主题和坚持发展，才能不断走向成熟，趋向共产主义。要过渡到共产主义必须通过创造高度发达的社会生产力来实现，如马克思、恩格斯指出，共产主义"不是应当确立的**状况**，不是现实应当与之相适应的**理想**"，而是"那种消灭现存状况的**现实的**运动。这个运动的条件是由现有的前提产生的"[2]。这里所谓"现实的运动"，说的就是发展。中国始终坚持开放的发展、合作的发展、共赢的发展，通过争取和平国际环境发展自己，又以自身发展维护和促进世界和平。中国特色社会主义进入新时代的事实，已经意味着科学社会主义在 21 世纪的中国焕发出强大生机和活力，在世界上高高举起了中国特色社会主义的旗帜。中国特色社会主义道路、理论、制度、文化不断发展，拓展了发展中国家走向现代化的途径，给世界上那些既希望加快发展又希望保持自身独立性的国家和民族提供了全新选择，为解决人类问题贡献了中国智慧和中国方案。

---

[1] 习近平. 在纪念毛泽东同志诞辰 120 周年座谈会上的讲话. 人民日报, 2013-12-27.
[2] 马克思, 恩格斯. 马克思恩格斯选集：第 1 卷. 北京：人民出版社, 2012：166.

跋

本书的写作，缘于我和黄相怀同志发表在《光明日报》上的文章《资本主导与西方困局》。这篇文章对2008年国际金融危机以来西方资本主义国家面临的诸种困境与乱象提供了一种解释性观点。文章认为，隐藏在西方资本主义社会"经济困境、民主乱局、民生困难、安全困局"等问题背后的深层原因，主要是资本主义制度下的资本主导逻辑。应当承认，近代以来，资本主导的逻辑曾使西方一些国家获得了物质繁荣和社会进步，其本身也具备一定的自我调整能力。然而，资本主义是一个不断发展变化的过程，而贯穿其中的一条主线，就是资本主导的逻辑。因此，抓住了资本主导的逻辑，也就抓住了资本主义社会的内在发展规律和具体运行机制。资本追求增殖、利润最大化及其扩张的本性，决定了在资本主义制度下，资本必然以追求利益最大化、实现价值增殖为根本原则。而建立在资本主义经济基础之上的上层建筑必然反映这一资本逻辑，资本主义国家的经济、政治、文化、社会制度也必须服膺于资本逻辑才能得以维持。资本逻辑和资本主义制度是相辅相成的。当资本的社会"红利"被攫取殆尽之后，资本主义社会的破坏性就会显露出来，西方困局由此而生。

文章发表后，在学术界产生了反响，也增强了我们的问题意识和学术反思精神。这其中有许多问题还需要我们进一步深入思考、研究，由此，我们便产生了将这篇文章的主要内容和主旨思想扩展成一本著作的想法。我们的想法很快得到了中共中央党校同仁的响应。在中共中央党校科研部牵头下，来自中共中央党校各个教研部（院）的青年教师迅速组成了研究、写作小组，他们来自马克思主义哲学、政治学、社会学、经济学、国际政治学、国际战略学等不同学科。这有利于我们从不同学科视角全方位地综合分析西方社会所面临的制度性困境，有利于从不同学科范式揭示西方社会的资本主导逻辑。

本书研究、写作小组成立后,经过多次碰头"聊学",我们形成了一个比较成熟的研究思路,确立了一个比较完善的研究框架。我们认为,当前西方资本主义国家的困局并不是某一领域的、局部性的,而是一种系统性、全局性的困局。而对西方困局的考察,需要紧紧围绕资本逻辑这一资本主义社会运行的基本规律来展开,深刻揭示资本逻辑是如何控制资本主义国家政治、经济、文化、社会制度进而导致困局产生的。当然,我们是把资本逻辑与资本主义制度捆绑在一起进行研究的。从资本主导的逻辑所导致西方困境出发,我们认为,有必要对20世纪末美国政治学家福山提出的"历史终结论"做出回应。2008年国际金融危机以来的西方总体性困局表明,历史不但不会终结,而且会不断暴露资本主义不可克服的弊端,彰显社会主义的制度性优势与中国特色社会主义的世界意义。

从以上问题意识出发,本书在研究框架上,严格遵循"总—分—总"的叙事结构。导言部分,以韩庆祥、黄相怀发表在《光明日报》上的文章为"底版",同时部分地吸收了其他成员的成果,根据全书的框架结构扩充、丰富了相关内容,主要由黄相怀负责完成修改定稿工作。这一部分主要是概括性地介绍了资本主导与西方困局之间的逻辑关系。第一章"资本主导的逻辑",由赵培负责完成。主要是从马克思的《资本论》出发,分析了资本的属性、资本逻辑的本质及社会影响。第二章"资本主导下的西方扩张",由王海滨负责完成。主要分析了资本主导下的西方三次扩张分别呈现经济扩张、政治扩张和文化扩张的特征,其中经济扩张始终是核心,政治扩张是手段,文化扩张则是光鲜的外衣,通过政治扩张和文化扩张为经济扩张建立适宜的全球政治文化环境。第三章"资本主导下的经济困境",由张慧君负责完成。主要分析资本主义国家资本主导逻辑下的经济金融化、产业空心化、资本运动成本的外部化、经济危机的全球化困境等问题,以及资本主义自我调整的困境,具体表现为再工业化的困境、去金融化的困境、收入分配改革的困境、调节体制失灵的困境以及全球化的困境。第四章"资本主导下的政治困境",由郇雷负责完成。主要分析了资本主导逻辑对于政治过程的控制是如何导致资本主义政治危机的,主要包括人民主权的虚置、资本利益集团的统治、政治效能的下降、国家治理困境的显现四个方面。第五章"资本主导下的社会困境",由张严负责完成。主要分析了资本主导逻辑如何导致贫富差距扩大、中产阶级衰落、社会流动性减弱、社会冲突加剧以及福利制度危机。第六章"资本主导下的文化困境",由王海滨负责完成。资本的现实逻辑导致资本主义文化呈现出"单向度"特征:消费主义、个人主义、功利主义、享乐主义泛滥,资本主义社会被欲望控制,人的价值也由此被资本逻辑吞噬。第七章"资本主导下的外交困境",由陈积敏负责完成。主要分析了西方国家寻找敌人的困境、民主拓展的困境、战略失衡的困境、道义形象的困境。第八章"从西方困境看中国自信",由徐浩然负责完成。这一章重新回到对福山"历史终结论"的诘问与回应,从经验层面详细阐述了中国特色社会主义的道路自信、理论自信、制度自信和文化自信,展现了中国特色社会主义的勃勃生机与光明前途,显示了中国特色社会主义能为解决人类问题贡献中国智慧、提供中国方案。

本书是集体研究的成果。在中共中央党校,活跃着一大批既具有深厚学术功底、巨大学术潜力,又关心国际大势、党的命运、国家大事、人民利益的中青年学者。通过策划相关科研议题(主题)、组织学术团队、进行共同探讨、加强集体研究、培育学术共同体,在重大理论和现实问题上加强攻关,已经成为中共中央党校科研发展、智库建设和人才培养的重要特点、重点、亮点。中共中央党校科研部通过创办"中共中央党校青年学者30人论坛"等活动,积极为青年学者脱颖而出提供条件,已经取得了不错的发展成果。这本书的出版,就是诸多集体研究成果的一部分。

需要指出的是,本书的策划与实施,得到了中国人民大学出版社的大力支持,还把本书列为重点打造推介的理论著作,体现了对这本书的高度重视。我们对此表示感谢!

习近平总书记在庆祝中国共产党成立95周年大会上指出:"历史没有终结,也不可能被终结。中国特色社会主义是不是好,要看事实,要看中国人民的判断,而不是看那些戴着有色眼镜的人的主观臆断。中国共产党人和中国人民完全有信心为人类对更好社会制度的探索提供中国方案。"我们之所以拥有这份自信,是因为与资本主义制度相比,中国特色社会主义已经找到了一条在中国共产党领导下、在社会主义制度引领下的利用资本、驾驭资本、超越资本的"驯龙之术"。党的十九大胜利召开，开启了中国特色社会主义新时代，这是一个实现强起来的时代。在这一时代，我们利用资本，但主要的目的是用它来解决"物"的问题，是为了国家富强、民族振兴、人民幸福。同时我们也清醒地看到，"资本"解决不了"人"的问题与社会和谐的问题。由此，我们既要合理限制"资本"，让"资本"在社会主义制度下为国家发展服务，也要在尊重市场经济规律的基础上，更加有力有效地运用好党政主导力量、人民主体力量、公共权力力量，遏制"资本"的私人性质，推动国家治理体系和治理能力现代化。这是社会主义国家的最大优势所在。反观当代资本主义，从本质上看它是资本逻辑主导的社会，资本主义的经济、政治、文化、社会制度要体现资本的意志，满足资本增殖的需求，因此也就无法克服资本逻辑的负面性。这就决定了资本主义制度、资本主义国家难以摆脱资本主导逻辑所导致的困局，人类社会的历史也就不会终结，社会主义道路、中国特色社会主义道路会越走越宽广！

韩庆祥

2018年10月1日

图书在版编目（CIP）数据

历史不会终结／韩庆祥等著．—北京：中国人民大学出版社，2018.10
ISBN 978-7-300-25127-1

Ⅰ．①历… Ⅱ．①韩… Ⅲ．①政治-研究-西方国家 Ⅳ．①D502

中国版本图书馆 CIP 数据核字（2017）第 272515 号

历史不会终结
韩庆祥　黄相怀 等 著
Lishi Bu Hui Zhongjie

出版发行	中国人民大学出版社			
社　　址	北京中关村大街 31 号		邮政编码	100080
电　　话	010-62511242（总编室）		010-62511770（质管部）	
	010-82501766（邮购部）		010-62514148（门市部）	
	010-62515195（发行公司）		010-62515275（盗版举报）	
网　　址	http://www.crup.com.cn			
	http://www.ttrnet.com（人大教研网）			
经　　销	新华书店			
印　　刷	北京昌联印刷有限公司			
规　　格	160 mm×235 mm　16 开本		版　次	2018 年 10 月第 1 版
印　　张	11.25 插页 2		印　次	2018 年 10 月第 1 次印刷
字　　数	205 000		定　价	38.00 元

版权所有　　侵权必究　　印装差错　　负责调换